民航运输类专业“十二五”规划教材

民航国内客票销售

綦琦 许夏鑫 主编

国防工業出版社

·北京·

内容简介

本书依据民航国内客票销售岗位的职业技能知识要求，提炼出民航国内客票销售综合知识、民航国内客票销售地理知识、民航国内客票销售业务和民航国内客票销售系统四个部分的就业岗位要求，并用全新的视角和最新的知识展现相关教学内容。本书共分四个学习单元：学习单元一讲解民航国内客票销售所必须掌握的民航行业综合知识；学习单元二讲解民航国内客票销售所必须了解的相关地理知识；学习单元三讲解民航国内客票销售的具体工作内容；学习单元四讲解民航国内客票销售系统。本书的特色是以就业为导向、紧跟行业最新发展趋势，务求阐述最权威、最系统、最全面的民航国内客票销售知识。

本书可作为职业院校和普通高等院校民航运输、空中乘务、航空服务、市场营销等专业相关课程教材，也可作为航空公司、销售代理、电商营销等民航相关单位的培训教材。

图书在版编目(CIP)数据

民航国内客票销售/綦琦，许夏鑫主编. —北京：国防工业出版社，2015.4

民航运输类专业"十二五"规划教材

ISBN 978-7-118-09909-6

Ⅰ.①民... Ⅱ.①綦... ②许... Ⅲ.①民航运输－售票－中国－高等学校－教材 Ⅳ.①F562.5

中国版本图书馆 CIP 数据核字(2014)第 304795 号

※

国防工业出版社出版发行

(北京市海淀区紫竹院南路 23 号 邮政编码 100048)

北京奥鑫印刷厂印刷

新华书店经售

*

开本 787×1092 1/16 **印张** 12 **字数** 236 千字

2015 年 4 月第 1 版第 1 次印刷 **印数** 1—4000 册 **定价** 32.00 元

国防书店：(010)88540777 发行邮购：(010)88540776

发行传真：(010)88540755 发行业务：(010)88540717

《民航国内客票销售》

编 委 会

主　编　綦　琦　许夏鑫

副主编　林瑗菡　马晓虹　温　俊

参　编　司呈艳　尹　勇　江志鹏　董裴君　程俊彤

前　言

本书是民航运输、航空服务等民航旅客运输类各专业必修课程使用教材，同时也适合航空公司、民航机场、销售代理等民航旅客运输主体单位进行员工岗前培训使用。本书内容共分四个学习单元，分别为民航国内客票销售综合知识、民航国内客票销售地理知识、民航国内客票销售业务和民航国内客票销售系统。

本书的编排思路完全符合国务院印发的《关于加快发展现代职业教育的决定》的精神，遵循以就业为导向的现代职业教育发展要求。本书的知识可以达到无差异覆盖民航国内客票销售岗位所需的全部专业知识要求，以此开创了基于民航岗位知识标准编写业务课程教材的先河。本书主编从事民航国内客票销售课程校内教学和对外培训工作近10年，加之曾组织和参与校外实习安排工作多年，对民航国内客票销售行业及企业有着全面、深入的了解，熟知就业岗位对人才的知识要求。

本书由广州民航职业技术学院綦琦负责全书的统稿和整理工作。其中，綦琦负责编写学习单元一、学习单元三的第三节、第四节和附录；许夏鑫负责编写学习单元四；林瑷菡和马晓虹负责编写学习单元二；温俊负责编写学习单元三的第一节、第二节；司呈艳、尹勇、江志鹏、董裴君、程俊彤参加了资料的收集和整理工作。

本书在编写过程中参考了众多相关内部资料，并得到中国航空运输协会、中国南方航空公司、中国东方航空公司、中国民航信息网络公司等有关部门领导、专家和广州民航职业技术学院民航经营管理学院领导、同事的大力支持，以及三亚航空旅游职业学院、北京现代职业技术学院的大力支持，在此一并致谢！最后，还要感谢我的妻子和女儿给予我编书工作的理解和鼓励！

綦　琦

目　　录

学习单元一　民航国内客票销售综合知识 …… 1
第一节　我国民用航空概况 …… 1
一、民航运输概况 …… 1
二、中国民用航空局介绍 …… 9
三、中国航空运输协会介绍 …… 10
第二节　国内航空运输企业概况 …… 12
一、航空运输企业 …… 12
二、航空运输企业的组织和运营 …… 13
三、我国主要航空运输企业概况 …… 14
第三节　民航运输基础知识 …… 19
一、航班运行 …… 19
二、代码共享 …… 22
三、民航飞机类型介绍 …… 23
第四节　民航国内客票销售基础知识 …… 28
一、民航客票销售经典案例 …… 28
二、民航运输生产基础知识 …… 31
三、民航客票销售基础知识 …… 34
自我检测 …… 39
学习单元二　民航国内客票销售地理知识 …… 40
第一节　我国地理知识简介 …… 40
一、我国自然地理环境 …… 40
二、我国经济地理环境 …… 41
三、我国人文地理环境 …… 42
四、我国航空区划介绍 …… 42
第二节　我国三大核心城市简介 …… 43
一、北京简介 …… 44
二、上海简介 …… 45
三、广州简介 …… 46
第三节　航空地理知识 …… 47
一、地球运动的知识 …… 47

二、大气层及飞行环境 …… 49
三、影响飞行的天气 …… 50
自我检测 …… 52
学习单元三　民航国内客票销售业务 …… 54
第一节　民航国内客票销售一般规定 …… 54
一、我国民航运价体系概述 …… 54
二、国内客票及行李票识读 …… 57
三、国内客票使用一般规定 …… 65
第二节　民航特殊旅客购票规定 …… 69
一、民航特殊旅客概述 …… 69
二、民航特殊旅客购票规定 …… 71
第三节　民航电子客票销售业务 …… 83
一、民航电子客票基础知识 …… 83
二、民航电子客票识读 …… 84
三、民航电子客票退改签业务 …… 88
第四节　民航国内客票销售渠道 …… 97
一、售票处销售渠道介绍 …… 97
二、呼叫中心销售渠道介绍 …… 98
三、互联网销售渠道介绍 …… 99
四、移动终端销售模式介绍 …… 101
自我检测 …… 101
学习单元四　民航国内客票销售系统 …… 103
第一节　民航代理人分销系统 …… 103
一、分销系统控制指令 …… 104
二、航班信息查询指令 …… 107
三、建立旅客订座信息记录 …… 111
四、分销系统自动出票操作 …… 113
五、旅客信息记录修改指令 …… 121
第二节　开账与结算计划 …… 125
一、国际航协代理人计划简介 …… 125
二、代理人资格认可条件 …… 127
三、中国开账与结算计划概述 …… 128
附录一　常见民航飞机信息汇总表 …… 130
附录二　国内主要城市/机场三字代码 …… 134
附录三　国内各主要航空公司退改签政策 …… 139
参考文献 …… 182

学习单元一　民航国内客票销售综合知识

学习目标

（1）了解五种运输方式及其特点。
（2）掌握航空运输的特点。
（3）了解航空运输企业及其相关知识。
（4）了解常见民航飞机机型。
（5）掌握民航运输生产的基础知识。
（6）掌握民航客票销售的基础知识。

学习内容

（1）我国民用航空概况。
（2）国内航空运输企业及其相关知识。
（3）民航运输基础知识。
（4）民航国内客票销售基础知识。

第一节　我国民用航空概况

一、民航运输概况

（一）交通运输业的性质及其在国民经济中的作用

交通运输是人类社会的基本活动之一，是每个人生活的重要组成部分，同时也是现代社会经济活动中不可缺少的重要环节。人类社会的发展历史就是由散乱走向有序、不断迈向文明的历史，交通运输在人类文明发展的过程中发挥了不可估量的关键作用。纵观人类社会发展过程中的每一个标志性进程或里程碑事件，几乎都与交通运输领域的创新、发展、演进相伴。例如：古埃及的强大与尼罗河息息相关；世界奇观金字塔的修建，离开了运输是不可想象的。中国古老灿烂的文化与黄河、长江密切相连；丝绸之路是古老的中国走向世界的一条漫漫长路，促进了中国与世界文化的交流，促进了经济发展，却也映衬了原始运输方式的艰辛与落后。机械运输工具的出现，给经济发展和社会进步带来了全新发展机遇，使得人类社会的高速发展成为可能。蒸汽轮船的采用提高了海上的运输速度、载运能力与行驶距离，使得必须跨越茫茫大洋的洲际运输成为现实;铁路及公路的发展与普及,使得人类在陆地上克服空间阻隔的能力大大提高,这为加强各内陆区域间的经济联系程度创造了机会;航空运输的发展更是导致交通运输在速度方面产生了质的飞跃,这使得空间距离不再成为阻隔人类彼此间联系的瓶颈。"地球村"的说法使原本广阔无比的地球变为"村落",这恰恰是通过发达的现代交通运输体系实现的。如今,交通运输已经完全渗透到人类社会生活的方方面面,并发展成为备受关注的社会经济活动之一。

交通运输是人和物借助交通工具的载运,产生有目的的空间位移。它是经济发展的基本需要和先决条件,现代社会的生存基础和文明标志,社会经济的基础设施和重要纽带,现代工业的先驱和国民经济的先行部门,资源配置和宏观调控的重要工具,国土开发、城市和经济布局形成的重要因素,对促进社会分工、大工业发展和规模经济的形成,巩固国家的政治统一和加强国防建设,扩大国际经贸合作和人员往来发挥重要作用。交通运输具有以下明显的特征:

(1) 交通运输是一个不生产新的实物形态产品的物质生产部门。其产品是运输对象的空间位移,用旅客人公里或货物吨公里计量。交通运输的劳动对象既可以是物,又可以是人,且劳动对象不必为运输业所有。交通运输参与社会总产品的生产和国民收入的创造,却不增加社会产品实物总量。

(2) 交通运输的劳动对象是旅客和货物,运输业不改变劳动对象的属性或形态,只改变它的空间位置。交通运输提供的是一种运输服务,它对劳动对象只有生产权(运输权),不具有所有权。

(3) 交通运输是社会生产过程在流通领域内的继续。产品在完成了生产过程后,必然要从生产领域进入到消费领域,这就需要运输。产品只有完成这个运动过程,才能变成消费品。运输与流通是紧密相连的,是社会生产过程在流通领域内的继续。

(4) 交通运输的生产和消费同时进行。运输的产品不能储存,不能调配,生产出来的产品如果不及时消费就会被浪费。运输产品的效用是和运输生产过程密不可分的,生产过程开始,消费过程也就开始;生产过程结束,消费过程也就结束。这一特点要求运输业一方面应留有足够的运输能力储备,以避免由于能力不足而影响消费者需求;另一方面应对运输过程进行周密的规划和管理,因为运输过程中出现的任何差错都无法通过对运输产品的"修复"而使消费者免受侵害或影响。

(5) 交通运输具有网络型特征。交通运输的生产具有网状特征,它的场所遍及广阔空间。交通运输的网络性生产特征决定了其内部各个环节以及各种运输方式相互间密切协调的重要性。

(6) 交通运输的资本结构有其特殊性。交通运输的固定资本投入多、比重大,其流动资本比重小,资本的周转速度相对较慢。

(二) 交通运输方式及现代综合交通运输系统

根据交通运输工具的不同,可将现代交通运输划分为铁路运输、公路运输、水路

运输、航空运输和管道运输。这五大交通运输方式彼此互联、有机互通，组成一张支撑社会经济发展的现代综合交通运输网络。下面分别介绍这五种方式。

（1）铁路是供火车等交通工具行驶的轨道。铁路运输是一种陆上运输方式，以机车牵引列车在两条平行的铁轨上行走。但广义的铁路运输还包括磁悬浮列车、缆车、索道等非钢轮行进的方式，或称轨道运输。铁轨能提供极光滑且坚硬的媒介让列车车轮在上面以最小的摩擦力滚动，使列车上的人感到更舒适，而且它还能节省能量。如果配置得当，铁路运输可以比路面运输运载同一重量物时节省五至七成能量。而且，铁轨能平均分散列车的重量，令列车的载重力大大提高。特别是在我国，铁路是国民经济的大动脉，是交通运输系统的骨干，具有速度快、运量大、可靠性强、投资大、运营成本高、可达性差、批量大、距离长、运费较低、风险低的特点，是大宗物资和中长途客货运输的主力。更值得一提的是，我国高速铁路迅猛发展（参见图1－1），如于1999年所兴建的秦沈客运专线的宏伟系列项目。经过15年的高速铁路建设和对既有铁路的高速化改造，我国目前已经拥有全世界最大规模以及最高运营速度的高速铁路网。截至2013年9月，我国高铁总里程达到10463公里，“四纵”干线基本成型，中国高速铁路运营里程约占世界高铁运营里程的46%，稳居世界高铁里程榜首，对在国际金融危机中提振我国经济发挥了巨大的战术性作用。

图1－1　中国高铁列车

（2）公路是连接城市之间、乡村之间、城市与乡村之间以及工矿基地之间，按照国家技术标准修建的，由公路主管部门验收认可的，主要供汽车行驶并具备一定技术标准和设施的道路。公路运输具有速度快、机动性强、投资少、运量小、运营成本高、可靠性一般、环境污染大、多批次、中短距离、灵活机动的特点，能实现门对门的运输，是客货短途运输中的主力，它可以深入到边远山区、穷乡僻壤，是运输脉络中的微血管。公路运输特别是我国高速公路网络（参见图1－2）的打造对国内经济发展的贡献厥功至伟。公路运输网络的建成直接带动了房地产、汽车制造及旅游业的迅猛发展，同时促进了区域经济的活跃度。

（3）水运是使用船舶运送客货的一种运输方式，包括内河（沿海）运输和远洋运输（参见图1－3）。水运主要承担大数量、长距离的运输，是在干线运输中起主力作用的运输形式。在内河及沿海，水运也常作为小型运输工具使用，担任补充及衔接大批量干线运输的任务。水路运输具有运量大、投资少、运营成本低、速度慢、可靠性较差、可达性差的特点，其中：内河（沿海）运输具有满足各种距离、最低运费、定期客货

图 1－2 我国高速公路网络

运的优势；远洋运输具有长或超长距离、最低运费、定期货物运输的优势，适于中长途大宗散货的运输。水路运输在我国能源和矿产品运输中占有重要地位，在对外贸易中有明显优势。我国作为全球能源消耗大国和制造业大国，水路运输特别是远洋运输是将石油、铁矿石等资源输入到我国，将大量工业制成品输出到全球各地的重要方式，确保水路运输安全对我国经济持续发展具有重要战略意义。

图 1－3 远洋运输油轮

（4）空运是用飞机或其他航空器作为载体的一种运输方式。空运主要服务于旅客的长距离空间移动，同时也承担部分对时间要求比较紧急的货物运输（参见图 1－4）。航空运输具有速度快、机动性强、通达性强、投资大、运营成本高、可靠性一般、可达性差、环境污染、小批量、超长距离、时效性强、运费高的特点，在长途客运和精密仪器、鲜活易腐货物运输中具有明显的优势。随着对外贸易的迅速增长、旅游业的发展和国际交流的不断加强，民用航空事业将有更大的发展。

（5）管道是用管子、管子连接件和阀门等连接成的用于输送气体、液体或带固体颗粒的流体的装置（参见图 1－5）。通常流体经鼓风机、压缩机、泵和锅炉等增压后，从管道的高压处流向低压处，也可利用流体自身的压力或重力输送。管道的用途很广泛，主要用在给水、排水、供热、供煤气、长距离输送石油和天然气、农业灌溉、水力工程和各种工业装置中。管道运输具有连续性强、通达性强、可靠性强、不占土地资源、运营成本低、投资高、适应性差、固定货种、固定路线、持续性好的特点。随着我国经济发展需要更多的石油、天然气等资源，管道运输有着极大的发展潜力。

图 1－4 航空货运运输

图 1－5 石油管道运输

交通运输是一项社会性生产行为，与其他社会生产行为相互依赖、相互制约和相互促进，彼此之间形成一个紧密联系的社会经济机体。国家社会经济的发展，要求交通运输系统在社会生产过程中具有先行性，科学地确定各种运输方式在现在交通运输系统中的地位和作用，建立一个经济协调、合理发展的综合运输系统。

我国幅员辽阔，各地区的自然条件不同，资源和生产力分布极不平衡，各地自然条件与经济发展水平差异很大，各种交通运输方式对自然条件的适应程度也不一样。这就要求我们在规划国民经济与交通运输协调发展时，必须充分考虑各种运输方式的优劣和适用条件，结合国土综合开发规划和生产力布局，实行合理分工与协同。在线路建设的布局上，要因地制宜，宜水则水，宜陆则陆，根据各地自然经济特点，各有侧重，科学、合理、高效地构建现代综合交通运输系统，更好地发挥交通运输系统的整体功能和综合经济效益。

（三）航空运输的特点

航空运输的迅速发展是和其本身具有的经济特性分不开的，它的主要特点可以概括为以下六个方面：

（1）速度快。速度快是航空运输最大的优势和主要的特点。涡轮螺旋桨和喷气式民用飞机的时速一般为 500～1000 千米，比海轮快 20～30 倍，比火车快 5～10 倍。与地面运输相比，航空运输的运输距离越长，所能节约的时间就越多，快速的特点就越显著。同时，航班正点率、办理旅客出发以及到达手续的速度、机场与市区之间的交通运输方式的便利、是否有经停点等多方面的因素都直接或间接地影响航空运输的速度。利用航空运输节省的时间、所创造的机会和经济价值是难以估量的。

（2）机动灵活。航空运输是由飞机在空中完成的运输服务，在两地之间只要有机场和必备的通信导航设施就可以开辟航线。与其他交通运输方式相比较，航空运输不受地面条件的限制，运输距离也比其他运输方式短。飞机可以按班期飞行，也可以在非固定航线飞行，而且还可以根据客货流量的大小和流向的变化及时调整航线和机型。民用航空可以在短时间内完成政治、军事、经济上的紧急任务，例如抢险救灾、医疗急救、近海油田的后勤支援工作等。

（3）安全舒适。喷气式民航运输飞机的飞行高度一般为 1 万米左右，不受低空气流的影响,飞行平稳、舒适。宽体飞机的客舱宽敞,噪声小,机内设有餐饮娱乐设施,舒适程度又大有提高。由于航空技术的发展,航空运输的安全性高于铁路、海运,更高于公路运输。根据国际民航组织统计,世界民航定期航班飞机失事,20 世纪 40 年代每亿客公里旅客死亡率平均为 3 人,50 年代降到 0.9 人,60 年代降到 0.4 人,70 年代降到 0.15 人,90 年代降到 0.04 人。另据 20 世纪 80 年代美国运输部公布的资料,1982 年美国私用和公用汽车运输旅客周转量占总运输周转量的 84%,而死亡人数却占死亡总数的 95.5%;航空运输旅客周转量居第二位,占 14.5%,但死亡人数仅占 0.043%;铁路旅客运输周转量占 0.7%,死亡人数占 0.67%。可见民用航空已成为最为安全的运输方式。

(4) 准军事性。由于航空运输所具有的快速性和机动性,以及民航所拥有的机场和空勤人员对军事交通运输的潜在作用,各国政府都视民航为准军事部门。一旦发生战争或紧急事件,军事部门可依据有关条例征用民航设施和人员。

(5) 国际性。航空运输从一开始就具有国际性的特点。随着世界航空运输相互依赖和合作关系的发展以及多国航空公司的建立,航空运输国际化的特点更明显了。国际化的目的是要任何一位旅客、一吨货物或邮件,能够随时从世界上任何一个地方,快捷、方便、安全、经济、可靠地被运送到另一个地方,这是航空运输对国际交往和人类文明做出的巨大贡献。

(6) 营运成本高。飞机的商务业载小,即使大型宽体飞机的业载也仅有 100 吨左右。而航空运输又属资金和技术密集型行业,投资大,飞行成本高。由于航空运输运营成本高,与其他运输方式相比较,航空客货运价高。目前,航空运输只适用于人员往来和时间性较强的货物和邮件等的运输。

(四) 我国民航的发展现状及 2013 年度统计数据

依据中国民用航空局(简称民航局)2014 年年中发布的《2013 年民航行业发展统计公报》中披露的信息得知,2013 年,在世界经济复苏艰难、国内经济下行压力加大的情况下,我国民航主要运输指标继续保持平稳较快增长。

2013 年,我国民航完成运输总周转量 671.7 亿吨公里,比上年增加 61.4 亿吨公里,增长 10.1%,变化趋势如图 1-6 所示。其中旅客周转量 501.4 亿吨公里,比上年

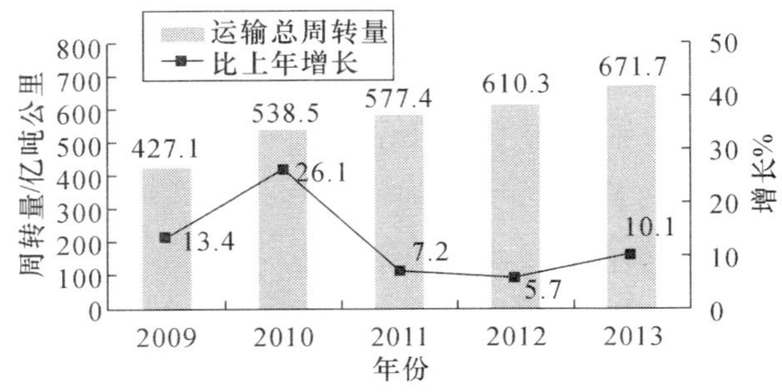

图 1-6 2009—2013 年民航运输总周转量

增加 55.0 亿吨公里，增长 12.3%；货邮周转量 170.3 亿吨公里，比上年增加 6.40 亿吨公里，增长 3.9%。2013 年，国内航线完成运输周转量 461.1 亿吨公里，比上年增加 45.2 亿吨公里，增长 10.9%。其中港澳台航线完成 14.2 亿吨公里，比上年增加 0.56 亿吨公里，增长 4.1%；国际航线完成运输周转量 210.7 亿吨公里，比上年增长 16.2 亿吨公里，增长 8.3%。

在旅客运输方面，2013 年我国民航完成旅客运输量 3.54 亿人次，比上年增加 0.35 亿人次，增长 10.8%，变化趋势如图 1－7 所示。国内航线完成旅客运输量 3.27 亿人次，比上年增加 0.31 亿人次，增长 10.6%，其中港澳台航线完成旅客运输量 0.09 亿人次，比上年增加 70 万人次，增长 8.4%；国际航线完成旅客运输量 0.27 亿人次，比上年增加 319 万人次，增长 13.7%。

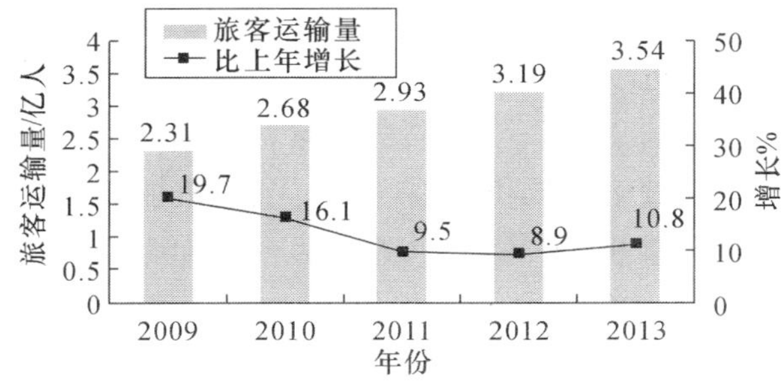

图 1－7　2009—2013 年民航旅客运输量

在货邮运输方面，2013 年我国民航完成货邮运输量 561.3 万吨，比上年增长 3.0%，变化趋势如图 1－8 所示。国内航线完成货邮运输量 406.7 万吨，比上年增长 4.7%，其中港澳台航线完成 19.9 万吨，比上年降低 4.4%；国际航线完成货邮运输量 154.5 万吨，比上年降低 1.3%。

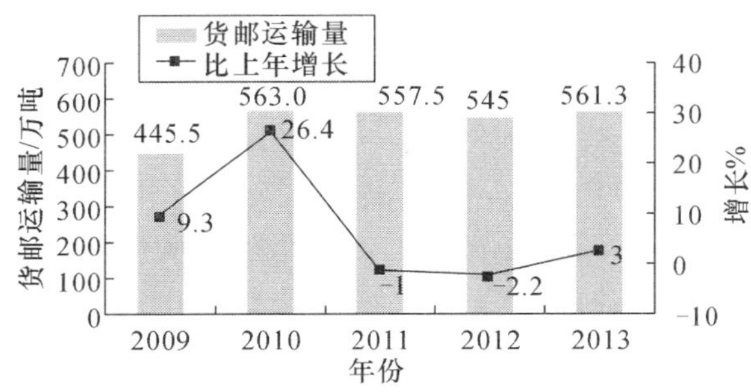

图 1－8　2009—2013 年民航货邮运输量

在机场业务方面，2013 年我国（除港澳台地区）民航运输机场完成旅客吞吐量 7.54 亿人次，比上年增长 11.0%，变化趋势如图 1－9 所示。其中，2013 年东部地区完成旅客吞吐量 4.24 亿人次，东北地区完成旅客吞吐量 0.47 亿人次，中部地区完成旅客吞吐量 0.74 亿人次，西部地区完成旅客吞吐量 2.09 亿人次（东部地区是指北京、上海、山东、江苏、天津、浙江、海南、河北、福建和广东 10 个省市；东北地区是指黑龙江、辽宁和吉林 3 省；中部地区是指江西、湖北、湖南、河南、安徽和山西 6 省；西部地区是指宁夏、陕西、云南、内蒙古、广西、甘肃、贵州、西藏、新疆、重庆、青海和四川 12 个省、市、自治区)。

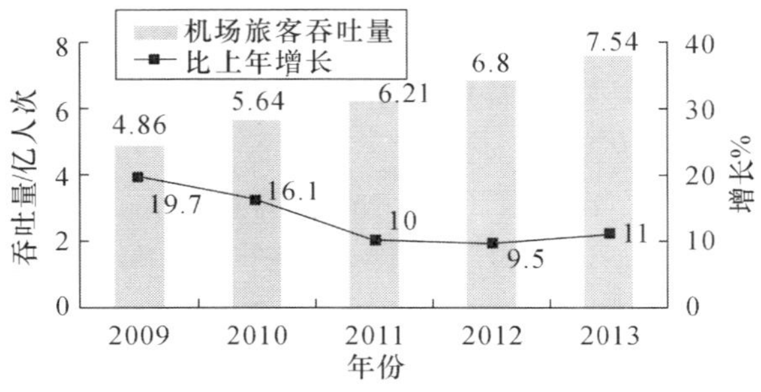

图 1-9　2009—2013 年机场旅客吞吐量

2013 年,全国运输机场完成起降 731.54 万架次,比上年增长 10.8%。旅客吞吐量 100 万人次以上的运输机场 61 个,其中,北京、上海和广州三大城市机场旅客吞吐量占全部机场旅客吞吐量的 29.0%。年货邮吞吐量 1 万吨以上的运输机场 50 个,其中,北京、上海和广州三大城市机场货邮吞吐量占全部机场货邮吞吐量的 51.8%。北京首都机场完成旅客吞吐量 0.84 亿人次,连续四年稳居世界第二;上海浦东机场完成货邮吞吐量 292.9 万吨,连续六年位居世界第三。

在运输机队方面,截至 2013 年底,民航全行业运输飞机期末在册数量 2145 架,比上年增加 204 架。

在机场数量方面,截至 2013 年底,我国共有颁证运输机场 193 个,比上年增加 10 个。2013 年新增机场分别为内蒙古阿拉善左旗机场、内蒙古阿拉善右旗机场、内蒙古额济纳旗机场、河北张家口机场、四川稻城机场、贵州凯里机场、安徽池州机场、贵州毕节机场、江西宜春机场、甘肃甘南藏族自治州夏河机场。另外,完成了合肥机场迁建。四川攀枝花机场恢复执行定期航班,新疆且末机场停航。

在航线网络方面,截至 2013 年底,我国共有定期航班航线 2876 条,按重复距离计算的航线里程为 634.22 万千米,按不重复距离计算的航线里程为 410.60 万千米。定期航班国内通航城市 188 个(不含香港、澳门、台湾)。我国航空公司国际定期航班通航 50 个国家的 118 个城市,内地航空公司定期航班从 41 个内地城市通航香港,从 10 个内地城市通航澳门,大陆航空公司从 42 个大陆城市通航台湾地区。

在运输航空(集团)公司生产方面,截至 2013 年底,我国共有运输航空公司 46 家,按不同所有制类别划分:国有控股公司 36 家,民营和民营控股公司 10 家。全部运输航空公司中:全货运航空公司 7 家,中外合资航空公司 13 家,上市公司 5 家。中航集团完成飞行时间 175.5 万小时,完成运输总周转量 188.8 亿吨公里,比上年增加 6.9%;完成旅客运输量 0.89 亿人次,比上年增加 8.1%;完成货邮运输量 156.0 万吨,比上年增加 0.3%。东航集团完成飞行时间 155.3 万小时,完成运输总周转量 155.3 亿吨公里,比上年增加 7.8%;完成旅客运输量 0.79 亿人次,比上年增加 8.2%;完成货邮运输量 140.9 万吨,比上年降低 0.5%。南航集团完成飞行时间

182.9 万小时，完成运输总周转量 174.8 亿吨公里，比上年增加 7.8%；完成旅客运输量 0.92 亿人次，比上年增加 6.2%；完成货邮运输量 127.6 万吨，比上年增加 3.7%。海航集团完成飞行时间 95.1 万小时，完成运输总周转量 84.1 亿吨公里，比上年增加 19.3%；完成旅客运输量 0.51 亿人次，比上年增加 1.1%；完成货邮运输量 65.2 万吨，比上年增加 12.4%。其他航空公司共完成飞行时间 82.5 万小时，完成运输总周转量 2 .6 亿吨公里，比上年增加 20.5%；完成旅客运输量 0.43 亿人次，比上年增加 20.8%；完成货邮运输量 71.5 万吨，比上年增加 7.1%。具体占比如图 1－10 所示。

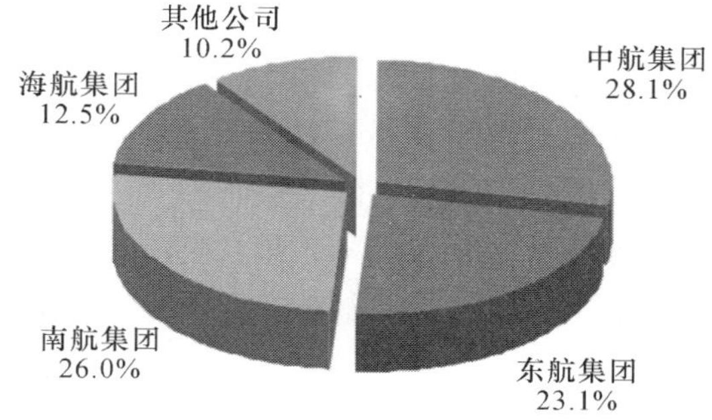

图 1－10　2013 年各航空集团（公司）运输总周转量占比

二、中国民用航空局介绍

中国民用航空局是中国政府管理和协调中国民用航空运输业务的职能部门，对中国民用航空事业实施行业管理，其标识如图 1－11 所示，其网站地址为 www.caac.gov.cn。

图 1－11　中国民用航空局标识

（一）中国民用航空局的职能

1980 年，中国民用航空局进行了重大的体制改革，不直接经营航空业务，主要行使政府职能，进行行政宏观管理调控。2002 年，民航进行了一次大规模重组，组建六大集团并划归国资委统一管理。中国民用航空局确立了以下新的职责：

（1）研究并提出民航事业发展的方针、政策和战略；拟定民航法律、法规草案，经批准后监督执行；推进和指导民航行业体制改革和企业改革工作。

（2）编制民航行业中长期发展规划；对行业实施宏观管理；负责全行业综合统计和信息化工作。

（3）制定保障民用航空安全的方针政策和规章制度，监督管理民航行业的飞行安全和地面安全；制定航空器飞行事故和事故征候标准，按规定调查处理航空器飞行事故。

（4）制定民用航空飞行标准及管理规章制度，对民用航空器运营人实施运行合格审定和持续监督检查,负责民用航空飞行人员、飞行签派人员的资格管理;审批机场飞行程序和运行最低标准;管理民用航空卫生工作。

(5) 制定民用航空器适航管理标准和规章制度,负责民用航空器型号合格审定、生产许可审定、适航审查、国籍登记、维修许可审定和维修人员资格管理,并持续监督检查。

(6) 制定民用航空空中交通管理标准和规章制度,编制民用航空空域规划,负责民航航路的建设和管理,对民用航空器实施空中交通管理,负责空中交通管制人员的资格管理;管理民航导航通信、航行情报和航空气象工作。

(7) 制定民用机场建设和安全运行标准及规章制度,监督管理机场建设和安全运行;审批机场总体规划,对民用机场实行使用许可管理;实施对民用机场飞行区适用性、环境保护和土地使用的行业管理。

(8) 制定民航安全保卫管理标准和规章,管理民航空防安全;监督、检查、防范和处置劫机、炸机预案,指导和处理非法干扰民航安全的重大事件;管理和指导机场安检、治安及消防救援工作。

(9) 制定航空运输、通用航空政策和规章制度,管理航空运输和通用航空市场;对民航企业实行经营许可管理;组织协调重要运输任务。

(10) 研究并提出民航行业价格政策及经济调节办法,监测民航行业经济效益,管理有关预算资金;审核、报批企业购买和租赁民用飞机的申请;研究并提出民航行业劳动工资政策,管理和指导直属单位劳动工资工作。

(11) 领导民航地区、省、自治区、直辖市管理局和管理民航直属院校等事业单位;按规定范围管理干部;组织和指导培训教育工作。

(12) 代表国家处理涉外民航事务,负责对外航空谈判、签约并监督实施,维护国家航空权益;参加国际民航组织活动及涉民航事务的政府间国际组织和多边活动;处理涉香港、澳门特别行政区及台湾地区民航事务。

(13) 负责民航党群工作和思想政治工作。

(14) 承办国务院交办的其他事项。

(二) 中国民用航空局管理机构

中国民用航空局现有内设机构是:综合司、航空安全办公室、政策法规司、发展计划司、财务司、人事科教司、国际司、运输司、飞行标准司、航空器适航审定司、机场司、公安局、直属机关党委、党组纪检组、全国民航工会、离退休干部局。中国民用航空局下设七个地区管理局,即民航华北地区管理局、民航华东地区管理局、民航中南地区管理局、民航东北地区管理局、民航西北地区管理局、民航西南地区管理局、民航新疆管理局。每个地区管理局所辖范围又设立民航安全监察局,并向其所辖省(市、自治区)派出民航安全监督管理机构。

三、中国航空运输协会介绍

中国航空运输协会(China Air Transport Association, CATA)简称中航协,其标识

如图 1－12 所示，其网站地址为 www. cata. org. cn。

图 1－12 中国航空运输协会标识

中航协是依据我国有关法律规定，以民用航空公司为主体，由企事业单位法人和社团法人自愿参加结成的、行业性的、不以盈利为目的，经中华人民共和国民政部核准登记注册的全国性社团法人，其成立于 2005 年 9 月 26 日。中航协是民航协会体制改革后成立的第一个民间社会团体，是依据民航总局党委《关于民航协会改革指导意见》于 2004 年 8 月 24 日开始筹备的，由中国航空集团公司牵头，中国东方航空集团公司、中国南方航空集团公司、海南航空股份公司、上海航空股份公司、中国民用航空学院、厦门航空有限公司、深圳航空有限责任公司、四川航空股份公司等九家单位发起设立。其主要职能为：

（1）宣传、贯彻党和国家关于民航业的路线方针政策、法律法规、标准制度及有关文件精神。

（2）研究国际国内民航市场发展形势、经济形势和世界动向，探讨航空运输企业建设、改革和发展中的理论与实践问题，在改革开放、发展战略、产业政策、科技进步、市场开拓、技术标准、行业立法等方面，为政府提供信息，并及时向政府有关部门反映会员单位的意见和建议。通过政策性建议，争取政府有关部门的指导和支持，为航空运输企业提供管理咨询等。

（3）根据民航总局的授权、政府部门的委托及会员单位的要求，组织对有关专业人员的培训和资质、资格认证。

（4）传播国际国内航空运输企业先进文化，组织举办航展、会展。

（5）编辑出版协会刊物，为会员单位及航空理论专家、学者、业内人士提供知识、经验、学术交流平台。

（6）组织国内外培训考察活动，开展会员单位间的业务交流与合作，促进航空运输企业核心竞争力的提高和持续发展。

（7）协调会员单位之间各方面的关系，建立起公平竞争、相互发展的经济关系。

（8）为了祖国的统一，早日实现与台湾地区直航，积极协助政府主管部门，加强海峡两岸民航界的联系。

（9）督导做好航空销售代理人的自律工作，监督并约束会员单位业务代理的行为规范，反对不正当竞争，维护航空运输企业的合法权益。

（10）在飞机引进、市场准入、基地设置等资源配置方面，为业务主管单位和航空运输企业提供评估报告，作为其决策依据之一。

（11）中国民用航空局委托承办的其他业务。

除此之外,中航协的基本宗旨是“遵守宪法、法律法规和国家的方针政策。按照社会主义市场经济体制要求,努力为航空运输企业服务,为会员单位服务,为旅客和货主服务,维护行业和航空运输企业的合法权益,促进中国民航事业健康、快速、持续地发展。”其工作方针是:“以党和国家的民航政策为指导,以服务为主线,以会员单位为工作重点,积极、主动、扎实、有效地为会员单位服务,促进提高经济效益,努力创造公平竞争、互利互惠、共同发展的健康和谐的航空运输环境。”“围绕国家改革发展大局,围绕企业经营的热点、难点,围绕维护会员单位合法权益,积极推进各项工作,坚定地走自立、自主、自律、自我发展的道路,以服务为本,把协会建设成中国航空运输企业之家、会员之家,以创新为源,把协会办成高效率、有信誉、具有国际影响的先进社团组织。”是中航协的任务目标。

第二节　国内航空运输企业概况

一、航空运输企业

航空运输企业是指利用民用航空器为主要手段从事以盈利为目的的生产运输,为社会机构和公众提供服务并获取收入的企业,又称为航空公司。根据其主营业务的不同,航空公司可以划分为客运航空公司、货运航空公司、通用航空公司等三类。航空运输企业的经营特征主要包括:

(1)航空运输企业是一种资本集中、技术集中的企业,市场准入的技术标准要求高。航空运输企业的主要生产工具——飞机是高技术、高价值的产品,没有足够的资本是无法进入航空运输市场的。由于安全的要求,政府对运载工具和人员的技术水平都有着严格的要求,使得航空运输企业的资本集中程度和技术要求要远高于其他运输企业。

(2)航空运输企业要求一定的规模经济。由于航空运输企业的高投资,就需要达到一定的产量才能降低成本,取得高回报,同时高技术的专业人员需要一定的生产规模才能充分发挥作用。再加上航空运输严格的时间要求,必须有一定量的运载能力才能保证运输的持续、顺利周转。通常只有在具备10架以上的同一级别的运输飞机时,航空运输企业才能在市场竞争中生存。

(3)航空运输企业之间有较紧密的依存关系。航空运输企业之间开展联运或者相互代理会使双方的市场得以拓展并且减少经营的成本。同时在市场竞争中如果航空市场份额达到了一定的平衡状态,通常是依靠服务或广告竞争,而不依靠价格竞争,因为价格竞争的最终结果只会降低总体利润,两败俱伤。

(4)航空运输企业通过合并来扩大规模。由于航空运输企业的高投资、高成本和高技术,以及它的规模效益,只靠扩大投资来扩大规模往往是不成功的。从航空运输业的发展上看,大多数的小公司是通过合并形成了大的集团才能在航空运输业中

站稳脚跟，或是大的企业吞并小企业使它的规模迅速扩大。

二、航空运输企业的组织和运营

任何航空公司的基本业务职能及相对应的基本组织结构都包括飞行与航务、机务维修、市场营运和行政管理四个部分。

（一）飞行与航务

飞行与航务机构主要负责处理整个公司有关飞行和空中服务的事务，一般分为：

（1）飞行人员的管理机构：针对本公司使用的机型及现有飞行人员状况进行科学有效的日常管理，制定符合公司正常运营所要求的飞行人员工作计划。

（2）空中乘务人员的管理机构：对公司的乘务人员进行日常管理，并根据公司不同机型对乘务人员的配备要求进行培训，保证公司正常运营对乘务人员的数量和技能水平的要求。

（3）空中交通和安全部门：负责飞行安全的检查，保障导航设备的完好和无线电通信的通畅，以保证公司飞机飞行的安全。

（4）飞行程序和训练部门：制定和执行程序与标准，安排模拟器训练及管理人员训练。

（5）飞行签派机构：组织安排公司内航空器的放行和整个运行，必须与民航各级空中交通服务部门密切协作才能使整个空中交通有序进行。

（二）机务维修

主要任务是负责保持航空公司飞机处于“适航”和“完好”状态，并保证航空器能够安全运行。“适航”意味着航空器符合民航当局的有关适航的标准和规定；“完好”表示航空器保持美观和舒适的内外形象和装修。

（三）市场营运

此机构管理着航空公司整个运输的销售、集散和服务环节，航空公司的收入主要依靠这些环节来完成，分为：

（1）广告和市场部：负责媒体上和实际上的广告策划和显示，研究及预测市场情况，制定航班计划和确定实际运价。

（2）销售部：负责客运和货运的销售，并协调代理客货运公司、其他航空公司之间的业务。

（3）运输服务部门：负责飞机客舱内的乘务服务、物品的配发和机场及地面的各项服务。

（4）饮食服务部门：主要负责航班的配餐服务。

（5）各地区的办事处及营业部：作为二级机构负责处理当地的上述各项业务。

（四）行政管理

行政管理机构是航空公司的核心管理部门，负责整个航空公司的管理和运行，包括财务管理、人事管理、计划管理、公共关系、信息服务、法律事务以及卫生等部门。

三、我国主要航空运输企业概况

（一）中国国际航空股份有限公司简介

中国国际航空股份有限公司简称“国航”，英文名称为“Air China Limited”，简称“Air China”，CA 为其国际标准两字代码，999 为其标准结算代号，其标识如图 1－13 所示，其网站地址为 www.airchina.com.cn。

图 1－13　中国国际航空股份有限公司标识

国航的前身中国国际航空公司成立于 1988 年。根据国务院批准通过的《民航体制改革方案》，2002 年 10 月，中国国际航空公司联合中国航空总公司和中国西南航空公司，成立了中国航空集团公司，并以联合三方的航空运输资源为基础，组建新的中国国际航空公司。2004 年 9 月 30 日，经国务院国有资产监督管理委员会批准，作为中国航空集团控股的航空运输主业公司，国航股份在北京正式成立。2004 年 12 月 15 日，中国国际航空股份有限公司在香港（股票代码 0753）和伦敦（交易代码 AIRC）成功上市。

国航的企业标识由一只艺术化的凤凰和中国改革开放的总设计师邓小平同志书写的“中国国际航空公司”以及英文“AIR CHINA”构成。国航标志是凤凰，同时又是英文“VIP”（尊贵客人）的艺术变形，颜色为中国传统的大红，具有吉祥、圆满、祥和、幸福的寓意，寄寓着国航人服务社会的真挚情怀和对安全事业的永恒追求。国航的愿景和定位是“具有国际知名度的航空公司”，其内涵是实现“竞争实力世界前列，发展能力持续增强，客户体验美好独特，相关利益稳步提升”的四大战略目标；企业精神强调“爱心服务世界，创新导航未来”；企业使命是“满足顾客需求，创造共有价值”；企业价值观是“服务至高境界，公众普遍认同”；服务理念是“放心、顺心、舒心、动心”。

国航是中国唯一载国旗飞行的民用航空公司、星空联盟成员以及 2008 年北京奥运会航空客运合作伙伴，具有国内航空公司第一的品牌价值（世界品牌实验室 2013 年评测为 765.68 亿元），在航空客运、货运及相关服务诸方面，均处于国内领先地位。

国航承担着中国国家领导人出国访问的专机任务，也承担许多外国元首和政府首脑在国内的专包机任务，这是国航独有的国家载旗航的尊贵地位。国航总部设在北京，辖有西南、浙江、重庆、内蒙古、天津、上海、湖北和贵州、西藏分公司，华南基地以及工程技术分公司等。国航主要控股子公司有中国国际货运航空有限公司、澳门航空有限公司、深圳航空有限责任公司、大连航空有限责任公司、北京航空有限责任公司等，合营公司主要有北京飞机维修工程有限公司。此外，国航还参股香港国泰航

空、山东航空等公司，是山东航空集团有限公司的最大股东。

截至2013年12月31日，国航(含控股公司)共拥有以波音、空中客车为主的各型飞机497架，平均机龄6.33年；经营客运航线已达298条，其中国际航线71条，地区航线15条，国内航线212条，通航国家(地区)31个，通航城市154个，其中，国际47个，地区3个，国内104个；通过与星空联盟成员等航空公司的合作，将服务进一步拓展到195个国家的1328个目的地。

国航致力于为旅客提供放心、顺心、舒心、动心的“四心”服务，拥有中国历史最长的常旅客计划——“国航知音”，又通过整合控股、参股公司多品牌常旅客会员，统一纳入“凤凰知音”品牌，截至2013年底，凤凰知音会员已达到2891万人。国航在中国民航业内首家推出了以“平躺式座椅”和“全流程尊贵服务”为核心内容的中远程国际航线两舱服务，为旅客提供尊贵、舒适、便捷的出行空间和全程服务。国航坚持以客户导向来创新服务，陆续推出“飞行管家”“国航无限”等系列新产品。国航具有很强的国内国际联程运输能力和销售网络，拥有广泛的高品质客户群体，已经成为众多中国政府机构及公司商务客户首选的航空公司。2011年6月28日，国航获得国际权威服务评级机构Skytrax的四星级认证，并于2012年6月12日荣获国际航协第68届年会暨全球航空运输峰会自助服务“便捷旅行”项目金奖。

国航拥有一支业务技术精湛、作风严谨、服务良好的飞行员和乘务员队伍。飞行队伍曾获得“国际民航组织荣誉奖章”“全国安全生产先进集体”“安全飞行标兵单位”等诸多荣誉，创造了堪称世界一流的安全飞行纪录，成功进行极地飞行，在飞行难度举世公认、曾经被国际民航界视为“空中禁区”的成都—拉萨航线上创造了安全飞行近50年(1965年开始)的奇迹，2008年又成功实现夜航。空中乘务队伍显示了国际化水准，日籍、韩籍、德籍乘务员陆续加盟，具有良好的职业素质和敬业精神，是旅客在蓝天上最好的朋友。他们持续推进让旅客“放心、顺心、舒心、动心”的“四心”服务工程，服务品质一直受到广大旅客的赞赏。

国航的飞机拥有专业化、规范化的技术保障。国航下设工程技术分公司，总部设在北京，下辖成都、重庆、杭州、天津、呼和浩特、上海、贵阳、武汉、广州9个维修基地和4家关联企业，拥有100个国内维修站点和54个国际维修站点，形成了辐射国内外的维修网络。其中，我国民航合资最早、规模最大的航空器维修企业——北京飞机维修工程有限公司于1989年5月2日成立，为维修能力的提升注入了活力。国航机务系统持有中国民航局、美国联邦航空局、欧洲航空安全局以及其他18个国家颁发的维修许可证，拥有10座大型机库和先进的设施设备，具备强大的维修能力，赢得了全球80多家航空公司的选择和信赖。从成立至今，国航机务共取得了近20项国内维修项目的突破，获得了国家及省部委授予的50多项科技进步奖项。

国航推行一体化运营，具有强大的运行控制能力。遍布全球的国航航班皆在运行组织指挥和协调中枢的控制之下，计算机飞行计划系统从飞机性能数据库、全球导航数据库、全球机场数据库和高空气象数据库中提取信息，优选航路，制定飞行计划，把握飞机性能,确认飞行资格,严格把关放行。国航自行研制开发了运行管理系统,集成了卫星电话系统、空地数据通信系统和短波无线电系统等,成为国内第一家具有超远程监控能力的航空公司。

国航在北京首都机场为国内外航空公司提供包括旅客进出港、中转服务,特殊旅客服务,要客、“两舱”旅客服务,旅客行李服务,航班载重平衡服务,航班离港系统服务,站坪装卸服务,客舱清洁服务,特种设备维修等方面的地面服务业务,同时是国内首家使用旅客自助办理乘机手续、旅客自助办理托运行李手续及自主分配航站楼部分机位的航空公司。现已在国内 100 个航站开通了国航中心配载业务,使国航成为国内第一家采用中心配载工作模式的航空公司。

国航高度重视人才培训,拥有的飞行训练中心具有世界一流的训练设备、训练能力和训练规模,师资力量雄厚,教学经验丰富。基地设在天津滨海国际机场的飞行训练大队,采用当前中国民航最先进的实机训练模式,一架 B737 – 300 飞机专用于实施本场训练,承担国航新雇飞机驾驶员的培养和管理工作。乘务训练中心是中国首家培训空中乘务员的大型多功能训练基地,中心教员具备高级乘务员职称,具有国际航协教学资格,以及国际航协 CRM 训练认可的教员资格,已为国内外近 40 家航空公司培训学员 8 万多人次,还为慕名而来的其他行业提供培训服务。

国航管理水平明显提升,实现 2001—2007 年连续七年盈利,在中国民航居于领先地位,品牌价值不断扩大。2007—2013 年,国航连续七年入选世界品牌 500 强,成为中国民航唯一一家进入“世界品牌 500 强”的企业。2013 年 6 月,国航被世界品牌实验室评为中国 500 最具价值品牌第 24 名,位列国内航空服务业第一名;2004—2008 年,国航连续五年在“旅客话民航”活动中分别获得“用户满意优质奖”“用户满意优质服务金奖”等;国航品牌曾被英国《金融时报》和美国麦肯锡管理咨询公司联合评定为“中国十大世界级品牌”;在品牌中国总评榜系列评选活动中,荣膺“品牌中国华谱奖——中国年度 25 大典范品牌”称号;2013 年 12 月,国航同时连续八年获得了“中国品牌年度大奖 NO. 1(航空)”;在各类社会评选中多次获得“最佳中国航空公司”“年度最佳航空公司奖”“极度开拓奖”“最佳企业”等殊荣。

总之,国航将以客户为中心,以市场为导向,坚持安全第一、顾客至上的理念,继续推进让旅客“放心、顺心、舒心、动心”的“四心”服务工程,以网络和信息化技术为依托,进一步完善运输枢纽网络,打造服务品牌,为广大国内外顾客提供安全、迅速、准确、方便、满意的航空旅客运输和货物运输服务,架起中国和世界联通的空中之桥。

(二)中国南方航空股份有限公司简介

中国南方航空股份有限公司简称“南航”,英文名称为“China Southern Airlines”,CZ 为其国际标准两字代码,784 为其标准结算代号,其标识如图 1 – 14 所示,其网站地址为 www. csair. com。

根据国务院批准通过的《民航体制改革方案》,2002 年 10 月,以原中国南方航空公司为主体、联合中国北方航空公司和新疆航空公司共同组建国有大型航空运输企

图 1-14　中国南方航空公司标识

业即南航。南航为天合联盟成员，总部设在广州，广州是中国经济贸易的重要门户城市之一，是珠江三角洲经济区核心城市、华南地区陆海空交通枢纽中心。除广州外，南航还拥有北京、新疆、北方、郑州、武汉、长沙、深圳、海南、珠海、桂林、汕头、贵阳等分公司或基地，2014 年 6 月，南航上海分公司正式挂牌，成为南航旗下第 21 家分公司。

南航以蓝色垂直尾翼镶红色木棉花为公司标志。之所以选择木棉花，一方面是因为公司总部设在广州，木棉花可显示公司地域特征，也可顺应南方人民对木棉花的喜爱和赞美；另一方面是因为木棉花象征坦诚、热情的风格，塑造公司的形象，表示公司将始终用坦诚、热情的态度为广大客、货主提供尽善尽美的航空运输服务。

目前，南航是我国运输飞机最多、航线网络最发达、年客运量最大的航空公司。目前，南航经营客货运输机突破 600 架，机队规模居亚洲第一，在 IATA 全球 240 个成员航空公司中排名第五，是全球第一家同时运营波音 787 和空客 380 的航空公司。南航每天有 1930 个航班飞至全球近 40 个国家和地区、190 个目的地，投入市场的座位数可达 30 万个。南航通过与天合联盟成员密切合作，航线网络通达全球 1064 个目的地，连接 187 个国家和地区，到达全球各主要城市。2013 年，南航旅客运输量超过 9000 万人次，位列亚洲第一，在 IATA 全球 240 家成员公司位居第三，已连续 35 年居国内各航空公司之首。南航在国际航线网络搭建上动作频频，2013 年 6 月，南航开通广州—莫斯科直飞航班，加上早已开通的广州至巴黎、阿姆斯特丹、伦敦航线，与广州至大洋洲的悉尼、墨尔本、奥克兰、布里斯班、珀斯等航线构成了两个美丽的扇形，以广州枢纽为联结点，相互支撑，互相借力，构成了南航国际化的新品牌“广州之路”。

截至 2013 年 12 月，南航已连续安全飞行超过 1100 万小时，安全运输旅客累计 7 亿人次，安全管理水平在国内、国际均处于领先地位。2012 年 9 月 28 日，南航荣获中国民航局颁发的飞行安全最高奖“飞行安全钻石奖”，成为中国国内安全星级最高、安全业绩最好的航空公司。

南航秉承“顾客至上”的承诺，先后被多家机构授予“中国最佳航空公司”荣誉，并于 2004 年 1 月，获美国优质服务科学协会授予的全球优质服务荣誉——“五星钻石奖”。2011 年，南航被国际航空服务认证权威机构 SKYTRAX 授予“SKYTRAX 四星级航空公司”称号，2011 年又获得“SKYTRAX 2011 年度进步最大航空公司”奖项。2012 年、2013 年连续获评《财富》杂志（中文版）“最受赞赏的中国公司”50 强。

总之，南航正通过不断发挥其国内领先、国际一流的航线网络和机队资源，发挥合力优势，抓住中国民航未来几年的发展机遇，让这朵灿烂的木棉花从广州飞向中国、飞向世界。

（三）中国东方航空股份有限公司简介

中国东方航空股份有限公司（简称东航）总部位于上海。东航于2002年10月11日在原中国东方航空集团的基础上，兼并中国西北航空公司，联合云南航空公司重组而成，MU为其国际标准两字代码，781为其标准结算代号，其标识如图1-15所示，其网站地址为www.ceair.com。

图1-15　中国东方航空公司标识

作为中国三大航空公司之一的东航，拥有各种大型运输飞机，包括B767、B737、A340、A330、A320等超过500架客货运飞机组成的现代化机队，平均机龄不到7年。东航的航线网络通达全球178个国家和地区、1064个目的地，每年为全球近8000万旅客提供服务，旅客运输量位 列全球前五。作为天合联盟成员，“东方万里行”常旅客可享受天合联盟20家航空公司的会员权益及全球564间机场贵宾室。

东航标志的含义：一只小燕子翱翔在蓝天红日之间，象征着东方航空公司将始终用真诚、朴实的态度为广大客、货主提供尽善尽美的航空运输服务，让这只小燕子承载着消费者飞向远方。

东航在航空运输主营业务方面，正全面实施“中枢网络运营”战略，一个以上海为中心、依托长三角、连接全球市场、客货并重的庞大航空网络正在快速形成中。同时，公司全力构建、完善高效的“统一运营管理模式”，逐步建立起与世界水平接近的飞行安全技术、空中和地面服务、机务维修、市场营销、运行控制等支柱性业务体系。

东航致力于建设一个“员工热爱、顾客首选、股东满意、社会信任”的世界一流航空服务集成商。2013年，东航被全球品牌传播机构WPP评为“Brandz最具价值中国品牌50强”，获评中国证券金紫荆奖“最佳上市公司”及“最佳投资者关系管理上市公司”，并入选《财富》杂志（中文版）2013中国企业社会责任排行榜前十强。“世界品位，东方魅力”，东航以“精准、精致、精细”的服务品质为全球旅客不断创造精彩的旅行体验。

总之，东航以与上航重组为机遇，以创新促发展，迅速形成企业核心竞争力，锻造世界性航空企业品牌，实现快速、稳健、持续发展是东航发展战略的核心目标。

（四）海南航空股份有限公司简介

海南航空股份有限公司（简称海航）于 1993 年 1 月成立，起步于中国最大的经济特区海南省，致力于为旅客提供全方位无缝隙的航空服务。HU 为其国际标准两字代码，880 为其标准结算代号，其标识如图 1 – 16 所示，其网站地址为 www.hnair.com。

图 1 – 16　海南航空公司标识

海航现拥有波音 737、787 系列和空客 330、340 系列为主的年轻豪华机队，适用于客运和货运飞行，为旅客打造独立空间的优质头等舱与宽敞舒适的全新商务舱。截至 2014 年 2 月，共运营飞机超过 135 架，其中主力机型为波音 737 客机，宽体客机 26 架。

自开航以来，海航连续安全运营 21 年，保持了良好的安全记录，服务赢得了广大旅客和民航业界的一致认可。2011 年 1 月，海航荣膺全球 SKYTRAX 五星航空公司；2012 年 3 月，海航蝉联 SKYTRAX 五星航空公司，同年 7 月，实现连续三年蝉联 SKYTRAX 中国最佳航空公司及中国地区卓越服务两项大奖；2013 年 4 月，凭借高品质的服务水平及持续多年的服务创新，海航第三次蝉联 SKYTRAX 五星级航空公司；6 月 18 日再度荣膺 SKYTRAX“中国地区最佳航空公司”和“中国地区最佳员工服务”两项大奖；11 月 30 日荣获世界旅游大奖组委会颁发的 WTA 世界最佳经济舱奖；12 月 4 日入围国际著名品牌咨询评估机构 BRANDZ 评选的最具价值中国品牌 100 强。

海航传承“东方待客之道”，倡导“以客为尊”的服务精神，遵循“SMILE”服务准则，传递“不期而遇，相伴相惜”品牌理念，彰显“东方之美”的国际化新品牌形象，立志成为中华民族的世界级卓越航空企业和航空品牌。

第三节　民航运输基础知识

一、航班运行

（一）航班的定义及分类

航班是指按照民航当局批准的民航运输飞机班期时刻表，使用指定的航空器，沿着规定的航线在指定的始发站、经停站、目的站停靠的从事客货行邮的经营性运输飞行。

航班按照不同的性质有不同的分类方法：

（1）按经营区域可以分为国际航班、国内航班和地区航班。始发站、经停站或目的站有一站以上在一国国境以外的航班称为国际航班；始发站、经停站或目的站全部在同一国境内的航班称为国内航班；始发站、经停站或目的站中有一站在同一国内有

特殊安排的地区中的航班称为地区航班，这些地区如我国的港澳台地区。

(2) 按经营的时间分为定期航班和不定期航班。定期航班是指列入航班时刻表有固定时间运行的航班。定期航班是民航运输的主要运输形式，是航空公司赖以生存的主要生产方式。因此在衡量航空公司的生产水平时，总是以定期航班的运输周转量为主要生产指标。不定期航班是指航空公司根据临时性任务需要，没有固定时刻的运输飞行，如包机和某些加班飞行。这类航班没有固定的航班飞行时刻表，没有固定的飞行航线，通常是根据运输需要和合同要求，安排机型、飞行时刻、飞行路线和运价。不定期航班是航空公司的辅助生产方式。

(3) 按照运输飞行的方向分为去程航班和回程航班。去程航班指从航空公司飞机基地出发的飞行航班；回程航班指返回飞机基地的飞行航班。

(二) 航班的组织及安排

航班时刻表是航空运输企业生产活动的整个流程的安排次序。对内它是运输企业每天生产活动的安排和组织的依据，企业围绕它来调配运力，安排人员，进行协调和管理；对外则是向用户提供服务信息和销售竞争的手段。旅客根据航班时刻表提供的航班时刻、机型、服务内容来选择要乘坐的航空公司、机型和时间。航班时刻表根据季节和市场需求进行调整和修正，我国有关业务部门每年修订两次航班时刻表，每年大约 4—10 月使用夏秋时刻表，11 月至次年的 3 月使用冬春时刻表。

航班的组织是指组织一个航班并保证它的正点飞行，需要航空公司的多个部门相互配合。维修部门要对飞机进行维修和检查，决定飞机是否能飞行；航务部门收集气象情报，安排机组和制定飞行计划，把这个计划通知航管部门；销售部门销售机票，办理货物托运；机坪保障部门供应机上用水，配餐，加油；旅客服务部门为旅客办理手续，旅客通过安检，登机；货运部门把货物和行李装入机舱，计算载重和平衡；由货邮舱单、旅客名单和平衡图组成的随机文件交付机长，经放行后，飞机才可以起飞。飞机到站后，又重复这个过程，飞往下一站或飞回目的地。整个流程形成一个工作链，一环紧扣一环，任何一个环节脱节都会影响到航班正常运行。如果有任何的改动，也会影响到各个不同的部门工作。各个部门协调配合得好，就会缩短时间，提高飞机的利用率，使整个公司的效益增加。

(三) 航班座位管理

中国民航于 1986 年建立计算机订座系统(简称 CRS 系统)，该系统分为两大部分：订座操作和座位管理。订座操作由柜台售票人员完成，座位管理则由座位控制人员完成。座位控制人员使用计算机订座系统对航班的座位进行优选法的控制和管理，并可通过该系统了解航班座位利用情况，进行预留或收回座位配额、锁定座位、限制座位销售、限制代理人销售、超订座位、实行多等级舱位管理、清理航班座位等工作，能最大限度地减少人为的虚耗，提高座位的利用率。因此，计算机订座系统已成为航空公司管理航班座位的主要手段。各地售票处、销售代理人根据订座规定或订座协议，通过计算机订座系统进行自由销售。

1. 航班座位管理的方法

目前,航空公司对航班座位管理的方法主要有:

(1) 航班输入。根据航班计划输入对外公布的可供销售的航班号、起降时间、可供销售的座位数和等级舱位布局。

(2) 航班变更。根据航班信息电报,将有关部门航班取消、合并,起飞时间提前或推后以及机型更改等信息输入计算机订座系统,当大机型改小机型时必须调整座位布局的变化,对头等舱或公务舱座位以及超售的座位作相应的处理,并将调整后的情况通知有关部门;小机型改大机型时,应及时开放座位;航班取消合并、起飞时间提前或推后,也应及时通知旅客。

(3) 输入运价。输入适用的城市对、各种票价及票价有效期,调整舱位座位数。根据实时座位销售情况调整各种舱位可供销售的座位数,以实现整个航班的收益最大化。

(4) 锁留座位。航班座位开放前或开放后,锁留适当的座位数供散客订座使用。如果部分销售舱位座位出现超售情况,需要锁留部分座位供紧急旅客、VIP 旅客使用。

(5) 核对航班。每天与生产调度室核对一次第二、第三天始发航班号、起飞时间和机型,以防工作差错。

(6) 电报处理。收集整理各种来往电报,摘录有关部门航班变动信息电报,检查航班变动信息、电报的处理情况等。

2. 座位控制的工作内容

目前,航空公司座位控制的主要工作内容包括:

(1) 检查销售。在航班起飞前 17 天、7 天、3 天、2 天、1 天,检查航班座位销售情况,检查 PCF 表的座位开放情况,确定超售座位或锁定座位情况。

(2) 清理航班。每一航班的座位清理工作分别在该航班起飞 7 天前、2 天前和 1 天前共清理 3 次,将重复订座、假"RR"、不按时限出票的旅客、团体订座和未按规定时限办理座位再证实手续的联程、回程座位取消。

(3) 座位跟踪。航班起飞前 30 天、15 天、7 天、4 天、2 天,调整团体旅客订座申请,并予以答复,对每一个团体旅客订座情况进行跟踪。在规定的时间内索取团体代号和旅客名单,核实旅客运输、检查出票情况,处理退团体座位工作。

(4) 做团体旅客座位再确认工作。

(5) 候补团体旅客补订座位工作。

(6) 航班起飞前 10 天,检查和核对团体旅客订座情况,重点检查不同团名而航班相同的团体旅客订座。

(7) 团体订座取消要根据取消订座单位的书面通知,经多次复核,方可处理。对 CRS 中未按时出票的团体订座,在取消前应调整 CRS 系统的订座记录与 ISC 系统是否一致。团体订座取消需做好详细记录。

(8) 重要旅客。航班起飞前1天复查重要旅客订座情况,并按照规定时间通知有关部门。

(9) 检查特殊服务和特殊餐食。每天检查特殊服务和特殊餐食情况,并按照规定时间拍发电报,通知有关部门。

(10) 处理Q信息。Q(QUEUE)的功能是为座位控制部门之间以及控制部门与售票处、代理人之间业务联系而建立的,Q是一个总称,可根据各部门的工作范围,分成几个或几十个不同类型的Q。

二、代码共享

代码共享是国内外航空公司进行市场战略开拓和跨国联合的一种行之有效的方式。最早提出代码共享方法的是美国。1994年8月,美国运输部定义:“代码共享是某一航空公司的指定航班号码被用于另一航空公司所运营的航班上的做法。”通俗地讲,代码共享就是不同的航空公司在同一个航班上使用各自航班代号的一种跨国公司联合协作的航空市场开拓方法。其实质是,参与代码共享的航空公司通过在伙伴航空公司的航班上使用自己的代码,在不实际增加航班和相应开支的情况下,扩展自己的航线网络,提高运营效率,从而增强参与航空公司的竞争力,可以有效地规避政府间的双边航空运输协定的束缚和第六航权的限制,拓展国际市场。代码共享协议至少需要两家航空公司参与,其中在某一具体航班中实际投入运力并负责运送旅客的公司称为运营共享航班公司,只提供航班号和本公司机票而不实际执行航班的公司称为非运营共享航班公司。

代码共享是航空业内竞争加剧的产物。美国最早推行“天空开放”政策,放松了对美国国内航空运输市场的管制,各家航空公司如同雨后春笋般成立,经历了最初的自由竞争时期,通过优胜劣汰、公司间的兼并重组,逐步形成了较高管理水平的大型航空公司参与的垄断竞争市场。通过惨烈的竞争,让美国航空运输业意识到,联合、合作也是竞争的一种形式,而且是付出代价较小又收获颇丰的一种共赢性竞争形式。于是,代码共享等一系列竞争合作形式应运而生,这是航空业发展的模式创新,代码共享从产生到在世界范围内的广泛采用,其发展速度是惊人的。代码共享作为一种新的、有效的竞争手段,既是航空运输市场激烈竞争的产物,同时又加剧了新兴的竞争模式;既是航空公司战略联盟的有力工具,最终又加快了航空运输的全球化进程。在全球各大航空公司的实践中,每一个代码共享虽然在签订协议时可能直接目的不同,客观上所起到的作用也不可能是单一的,尤其是拥有复杂航线网络结构的大型跨国航空公司签订的共享协议往往是出于几种目的的综合考虑,但是,无论实行共享的战术目的如何,其根本宗旨都可以归纳为:开拓市场,强化竞争力,提高公司运营效率。

代码共享对航空运输业的影响可以归纳为:

(1) 共享伙伴经济效益改善。代码共享对参与航空公司的最直接好处就是共享

伙伴航空公司经营效益的改善，而且这部分效益的增长不需要其支付成本。

（2）非共享航空公司利益受损。代码共享的结果是航空客运市场的重新划分。尽管代码共享的航空公司客运量增加，但往往这部分增加都是来自非共享航空公司的客源流失。

（3）代码共享对竞争的影响。代码共享会影响到竞争的程度，它可以通过增加或改善服务而加强竞争，也会由于市场份额越发集中到少数大航空公司手中，而阻碍竞争。

三、民航飞机类型介绍

（一）波音系列飞机

1. 波音公司介绍

波音公司（其标识参见图1－17）成立于1916年7月1日，由威廉・爱德华・波音创建，波音公司建立初期以生产军用飞机为主，并将部分资源投入到民用运输机制造领域。其中，P－26驱逐机以及波音247型民用客机比较著名。1938年研制开发的波音307型是第一种带增压客舱的民用客机，极大提升了民用客机的旅行舒适性。20世纪60年代以后，由于军机订单的竞争激烈，波音公司将主要业务发展重心由军用飞机转向商用飞机。1957年在KC－135空中加油机的基础上研制成功的B707是其首架喷气式民用客机，一举奠定了其现今在民用飞机生产领域的翘楚地位，B707共获得上千架订单。从此在喷气式商用飞机领域内便一发不可收拾，先后设计并生产了B727、B737、B747、B757、B767、B777、B787等一系列型号，逐步确立了全球主要的商用飞机制造商的地位。其中，B737是在全世界被广泛使用的中短程窄体民航客机，B747一经问世就长期占据了世界最大的远程宽体民航客机的头把交椅。

图1－17　波音公司标识

2. B737系列飞机介绍

B737系列飞机（参见图1－18）是波音公司生产的一种中短程双发（动机）窄体喷气式客机。B737自投产以来40余年销路长久不衰，成为民航历史上最成功的窄

图1－18　深圳航空B737－900飞机

体民航客机系列之一，至今已发展出九个子型号。B737 主要针对中短程航线的需要，具有可靠、简捷，且极具运营和维护成本经济性的特点，但是它并不适合进行长途飞行。根据项目启动时间和技术先进程度分为传统型 B737 和新一代 B737，其中传统型 B737 包括 B737－100、B737－200、B737－300、B737－400、B737－500；新一代 B737 包括 B737－600、B737－700、B737－800、B737－900。

3. B747 系列飞机介绍

B747 系列飞机（参见图 1－19）是波音公司生产的一种大型远程四发宽体喷气式客机。B747 的基本型 B747－100 于 1969 年 2 月 9 日首飞，是世界上第一款宽体民用飞机，自 1970 年投入服务后，到空客 A380 投入服务之前，B747 保持全世界载客量最大飞机的纪录长达 37 年。B747 是历史上最成功的宽体民航客机系列，主要针对远距离的跨洋航程的需要，极大改善了跨洋航空飞行服务的舒适程度。B747 主要针对远距离的跨洋航程的需要，截至 2013 年 3 月，B747 共生产了 1464 架，另外还有 64 架订单尚未交付。B747 的衍生型号众多，具体包括 B747－100、B747－200、B747－300、B747－400、B747LCF、B747－800，其中为了应对竞争对手空中客车公司（简称空客）推出的 A380 机型对大型宽体机市场的冲击，波音公司启动了最新型号 B747－800 项目，该机型已于 2011 年正式交付客户。

图 1－19　德国汉莎航空 B747－800 飞机

4. B777 系列飞机介绍

B777 系列飞机（参见图 1－20）是波音公司生产的长程双发宽体喷气式客机，是目前全球最大的双引擎广体客机，其三级舱布置的载客量为 283～368 人，航程为 9695～17500 千米。B777 采用圆形机身设计，起落架共有 12 个机轮，其规格上介于 B767－300 和 B747－400 之间。B777 项目于 1990 年 10 月 29 日正式启动研制计划，1994 年 6 月 12 日第 1 架 B777 首次试飞，1995 年 5 月 17 日首架交付用户美国联合航

图 1－20　英国航空 B777－300ER 飞机

空。B777同时具有座舱布局灵活、航程范围大和不同型号能满足不断变化的市场需求的特点，并由此衍生出子型号，具体包括B777－200、B777－200ER、B777－200LR、B777－300、B777－300ER、B777F、KC－777、B777X。

5. B787系列飞机介绍

B787系列飞机（参见图1－21）又称为“梦幻客机”，是波音公司生产的中型双发宽体中远程运输机，也是波音公司1990年启动B777计划后时隔14年来推出的首款全新机型。B787项目于2004年4月正式启动，经多次延期后，最终在2009年12月15日成功试飞，标志着B787项目进入交付使用前最后一个阶段。2011年9月27日，第一架B787“梦幻客机”交付其第一个用户——日本全日空航空公司。B787系列属于200～300座级客机，其航程视具体型号不同可覆盖6500～16000千米。B787的特点就是革命性地大量采用了复合材料，从根本上实现了低燃料消耗、较低的污染排放、高效益及舒适的客舱环境的客户需求，可实现更多的点对点不经停直飞航线，同时兼具较低噪声、较高可靠度、较低维修成本的优势。B787系列飞机是航空史上首架超长程中型客机，打破以往一般大型客机与长程客机挂钩的定律。B787市场销售价格为1.3～1.8亿美元。正是因为B787在技术和设计上的突破，使中型尺寸的B787在同座级的飞机中，具有无与伦比的航程能力与公里成本经济性。倘若乘客偏爱不经停直飞服务及更高航班频率，那么B787就是开辟这种新航线的完美机型，尤其是不适合大型飞机的客源少的远程航线。

图1－21　南方航空B787－800飞机

（二）空客系列飞机

1. 空客公司介绍

空客公司（其标识参见图1－22）创建于1970年，是一家集法国、德国以及后来加盟的西班牙与英国公司为一体的大型欧洲集团，其创建的初衷是使欧洲飞机制造商能够集中有限资源，联合起来共同与当时强大的波音公司和麦道公司开展有力竞争。空客公司有效地克服了国家间的分歧，分担了研发成本并合作开发了更大的市场份额，空客公司的出现，改变了全球民用飞机制造商美国一家独大的市场竞争格

图1－22　空客公司标识

局，并且为航空公司、旅客和机组带来了真正竞争的效益。公司"以客户为中心"的理念、商业知识、技术领先地位和制造效率使其跻身行业前沿。2010 年，空客公司的营业额将近 300 亿欧元，目前已牢固地掌握了全球约一半的民用飞机订单。

空客公司总部设在法国图卢兹，由欧洲宇航防务集团拥有。空客公司是一家全球性企业，全球员工约 54000 人，在美国、中国、日本和中东设有全资子公司，在汉堡、法兰克福、华盛顿、北京和新加坡设有零备件中心，在图卢兹、迈阿密、汉堡和北京设有培训中心，在全球各地还设有 150 多个驻场服务办事处。空客公司还与全球各大公司建立了行业协作和合作关系，在 30 个国家拥有约 1500 名供货商的网络。

空客公司的现代化综合生产线由非常成功的多系列机型组成，具体包括：中短程窄体机 A320 系列（A318、A319、A320、A321）；中短程宽体机 A300 系列和 A310 系列（已经停产）；远程宽体机 A330 系列和 A340 系列；全新远程宽体中等运力的 A350 系列和超远程全双层宽体 A380 系列。截至 2013 年底，空客公司已经售出了 9800 多架飞机，全球拥有超过 300 家客户和运营商，自从 1974 年首次投入运营以来，已经交付了 6700 多架各型号飞机。

2. A320 系列飞机介绍

A320 系列飞机（参见图 1 – 23）是空客公司研制生产的窄体双发中短程 150 座级客机，是全球第一款使用数字电传操纵飞行控制系统的商用客机，也是第一款应用当时先进的放宽静稳定度设计的民航客机。A320 系列飞机在设计上提高了客舱适应性和舒适性。A320 系列飞机在原型机 A320 的基础上，针对不同细分市场的需求推出了更具特点的衍生型号，具备包括 A318、A319 和 A321。A320 系列飞机的设计理念是旨在满足航空公司低成本运营中短程航线的需求，为其运营商提供 100 ~ 220 座级飞机中最大的共通性和经济性。也正是关注市场需求的设计理念，使得 A320 系列飞机自 1988 年 4 月首次投入运营以来，迅速在中短程航线上重新定义了舒适性和经济性的行业标准。A320 系列飞机的成功同时帮助空客公司奠定了其在全球民航客机市场中的地位，打破美国垄断客机市场的局面，占据了近半壁江山，大有成为全球第一大民用飞机制造商的趋势。更值得一提的是，2006 年 6 月 8 日，经中国国家发展和改革委员会宣布，选址在天津滨海新区建立一条 A320 客机总装线。2006 年 10 月 26 日，空客公司与由天津保税区、中国航空工业第一集团公司和中国航空工业第二集团公司组成的中方联合体签署在中国共同建设 A320 系列飞机总装生产线的框架

图 1 – 23　亚洲航空 A320 – 200 飞机

协议，共同成立空中客车（天津）总装有限公司。2008 年 9 月 28 日，A320 系列飞机天津总装线正式投产，中国天津成为欧洲大陆以外第一个向客户交付空客飞机的城市，这也是空客继法国、德国之外的第三条总装生产线。

3. A330 系列飞机介绍

A330 系列飞机（参见图 1－24）是空客公司研制生产的宽体双发远程的高载客量客机，用于取代其早期生产的 A300 和 A310。A330 系列飞机的基础型 A330－300 飞机于 1987 年 11 月 2 日首飞，1993 年年底投入运营，A330－300 机身设计是在 A300－600 的基础上加长，使用了新款机翼、稳定装置及新的电传飞行控制系统。在典型的两级客舱布局下可载客 335 人，三级客舱布局时可载客 295 人，全经济舱最高载客量可达 440 人，设计航程达 10500 千米，具有适应多种航线飞行的灵活性。至 2014 年 1 月，空客公司共售出 1342 架 A330，当中有 1088 架已经交付给客户，目前全球共有 97 家客户使用 1075 架 A330 飞机执行它们的航班。

图 1－24　港龙航空 A330－200 飞机

4. A380 系列飞机介绍

A380 系列飞机（参见图 1－25）是空客公司研制生产的宽体四发 550 座级超大型远程宽体客机，A380 投产时是载客量最大的客机，有“空中巨无霸”之称。空客公司于 20 世纪 90 年代早期开始超大型客机的研发计划，除为了完善机型，填补其在超大型客机市场的空白外，还希望借以打破其竞争对手波音公司 B747 在超大型客机市场的垄断地位。1994 年 6 月，空客公司正式对外宣布了其超大型运输机计划，最初该计划被称为“A3××”。A380 于 2001 年初正式定型，第一架 A380 出厂时计划的开发成本已升至 110 亿欧元。2005 年 4 月 27 日，A380 飞机首航成功，2007 年 10 月 25 日，第一架 A380 飞机交付给新加坡航空公司，并实现该机型的第一次商业飞行。2011 年 10 月 17 日，中国南方航空公司接收第一架 A380 飞机，并正式执行中国大陆第一个载客飞行任务，首飞北京到广州航线。A380 在单机旅客载运能力方面优势相当明显，在典型的三舱布局下可承载 525 名乘客。A380 飞机被空客公司视为其 21 世纪的

图 1－25　快达航空 A380 飞机

旗舰产品。A380 采用了更多的复合材料,改进了气动性能,使用新一代的发动机、先进的机翼、起落架;减轻了飞机的重量,减少了油耗和排放,每座公里油耗及二氧化碳排放更低;降低了单座的营运成本,A380 飞机机舱内的环境更接近自然;客机起飞时的噪声比当前噪声控制标准的规定要低得多。A380 是首架每座百公里油耗不到 3 公升的远程飞机。

除以上详细介绍的常见民航飞机型号外,还有很多其他型号,具体信息参见附录一。

第四节　民航国内客票销售基础知识

一、民航客票销售经典案例

在具体讲解民航客票销售业务知识前,先从几个经典案例的分析开始,了解一下其具体工作内容和其中可能产生的问题。专业知识和技能提升的最终目标就是尽量避免问题和事故的发生,给旅客航空出行创造良好的出行体验,全面提升中国民航旅客服务的整体层次,为中国民航由世界民航大国向世界民航强国的跨越性升级贡献力量。

(一) 经典案例之一:“君子”与“金子”的困惑

案例呈现:旅客王君是一位通过航空公司呼叫中心购买了广州飞往北京的机票的旅客。在通过电话购票时,呼叫中心座席员按照规定向王君旅客确认姓名是否是“王金,金子的金”时,王君已经回答:“是”(此事已经通过电话录音确认)。但因实际姓名不符,王君无法登机。事后,承运人同意了王君旅客按照票面价格退票。

案例解析:根据《中国民用航空旅客、行李国内运输规定》第 8 条第一款规定:“客票为记名式,只限客票上所列旅客本人使用,不得转让和涂改,否则客票无效,票款不退。”另外,根据《中华人民共和国民用航空法》第 111 条规定:“客票是旅客运输合同订立和旅客运输合同条件的初步证据。旅客未能出示客票、客票不符合规定或者客票遗失,不影响运输合同的存在或有效……”因此,只要不是旅客故意涂改或非法转让客票,客票内容的错误不影响运输合同的有效,如旅客因此未能成行,承运人在确认该旅客确系购票人的情况下,应该退还旅客相应票款。综上所述,民航售票员应加强主动服务意识,遵循服务流程,特别是电话订座时,服务人员应与旅客一起仔细核对姓名、航程、日期及限制条件等重要信息。若遇到有口音的旅客,可用成语或两个不同的词组确认姓名,以减少差错的机会,将可能出现的差错和可能给旅客带来的不便提前消除,保证旅客的顺利成行。

要点归纳:准备无误地为旅客办理订票手续是非常重要的工作。

(二) 经典案例之二:航班时刻变更带来旅客的危急时刻

案例呈现:王先生和张女士计划从哈尔滨往返新加坡,他们到代理人处买票,代

理人为旅客提供两个方案：一是购买A航空公司哈尔滨—香港—新加坡往返机票；二是购买B航空公司哈尔滨—北京—香港—新加坡往返机票。旅客因健康原因，选择了转机点少的A航空公司。旅客到香港后，其回程香港—哈尔滨航段航班因航班时刻表换季而长期计划性取消，并在变更航班起飞前通过航班变更通知SCQ的形式通知到出票计算机终端。由于出票代理人原因此信息未能及时告知到旅客。当旅客确认回程机位时，得知航班已被取消后，千辛万苦联系上机票出票代理人求助。出票代理人联系A航空公司帮助旅客协调解决办法，安排新加坡—香港—北京—哈尔滨的座位，并请香港机场、北京机场协助旅客办理转机手续。旅行当日，旅客在北京机场的航空公司服务人员协助办理中转手续过程中，由于时间紧张、国际厅与国内厅距离较远，旅客舟车劳顿、血压急升，在飞机上几乎昏迷，经乘务组悉心照料，旅客安全到达目的地，并被地保部服务人员安置在民航大厦休息。对此，旅客提出几点要求：①旅客购买的是国际航班机票，现在却是中转的国内航班，要求退还差价；②旅客因为增加转机程序而旧病复发，航空公司应给予赔偿。投诉处理部门主动去民航大厦看望旅客，代表公司表达慰问之情，并与其诚恳交换意见，令旅客大为感动。最后双方达成补偿旅客610元票差，并按照航延费的标准为旅客提供了一天一夜免费食宿的协议。

案例解析：旅客在购票时，已声明了自己身体不适宜乘坐航程中转点较多的航班。因此，在航空公司航班取消后造成旅客被迫从北京中转，引起旅客旧病复发，航空公司负有一定的责任，理应给予旅客一定补偿。另外，旅客所付的票价为香港与哈尔滨之间直达航班的较高票价，回程只享受到香港经北京至哈尔滨中转的低价票价的服务，旅客要求补偿票差价的要求应给予支持。因为旅客在购票时，已经声明了自己身体不适宜乘坐中转较多的航班，承运人在协调解决机位时应考虑该情况，密切关注旅客身体状况，如安排旅客在北京住一夜再飞往哈尔滨。如旅客不顾身体状况，坚持当天中转，相关服务人员应与其签订责任书。面对特殊情况、特殊旅客，承运人一定要慎重处理。代理人由于不了解航空公司业务规定而在航班变动后未尽到通知旅客的义务，也是引起旅客不满、情绪激动的重要因素。因此代理人管理部门应加强对代理人的业务培训，减少人为业务差错，提高服务品质。

要点归纳：客票销售人员需要工作仔细，一点小失误，给旅客带来的就是大麻烦。

（三）经典案例之三：由婴儿摇篮引起的风波

案例呈现：旅客夫妇在3月5日申请了4月21日广州至墨尔本航班的婴儿摇篮服务，该航班管理人员没有认真查看该航班机型是否可以接收婴儿摇篮旅客就给予了确认。期间，旅客不放心曾几次致电呼叫中心均得到确认，便放心不再理会此事。4月12日，该航班管理人员发现该机型不能提供该项服务时便将该申请取消，但没有按业务规定流程通知旅客。4月21日当天，旅客在广州中转办理乘机手续时被告知此项服务已被取消，旅客当即在值机柜台要求升到公务舱，但因航班超售，无法成行。最终，因地服部门、呼叫中心和售票部门对该事件不够重视、信息沟通不充分，延迟了旅客乘机办理的时间，只能改签到后续航班 4 月 25 日 CZ321，导致旅客在广州滞留了 4 天。南航负责了旅客在广州的食宿，按旅客要求办理了升舱手续，并在旅客到达目的地后，由当地办事处安排车辆将旅客送回家中。

案例解析：航线管理服务人员工作责任心不强，业务操作水平不高，在确认申请时粗心大意，不能及时识别机型可否提供服务类型。在发现差错后，虽然及时予以更正，但没有将准确的信息及时通知旅客，是导致此投诉产生的主要原因。投诉产生后，与旅客接触的一线服务部门没有给予足够的重视，在与呼叫中心沟通了解过程中，由于呼叫中心服务人员在复查过程中不仔细，没有查到旅客曾获确认特殊服务申请的记录，便简单地拒绝了旅客，造成投诉的升级。投诉升级后，虽然各部门的协调合作，圆满处理，使旅客感到满意，继续认同南航，但投入的人力、物力、财力是无法用数据计算得清楚的。

要点归纳：销售人员对特殊服务业务流程不熟悉，给旅客带来出行的麻烦。

（四）经典案例之四：网站设计缺陷，误导旅客重新购票

案例呈现：旅客通过某航空公司网站订了 4 张北京—香港的往返特价机票。旅客在订票过程中按照网站的提示要求，输入旅客姓名及身份证号码，并通过网上银行成功支付了票款。在与航空公司确认电话中，工作人员告诉旅客，客票虽然成功订座及支付，但不能通过安全检查，原因是国际及其地区航班客票，需填写护照号码或港澳通行证号码，而非国内居民身份证号码。换言之，旅客所购客票为 4 张废票。旅客认为，网站上没有明确提示填写哪类有效身份证明，也没有查验纠错措施，误导旅客填写了身份证号码。旅客要求全额退票。但航空公司称：需 30 天给予旅客答复，且不能保证为其全额退款。旅客表示不满并提起投诉。

案例解析：经查，该航空公司已经知道相关销售网站的缺陷，却没有及时向相关业务部门反映，导致问题在相当长的时间内迟未解决，使该类投诉屡屡发生。

《消费者权益保护法》第 18 条规定："经营者发现其提供的商品或者服务存在严重缺陷，即使正确使用商品或者接受服务仍然可能对人身、财产安全造成危害的，应当立即向有关行政部门报告和告知消费者，并采取防止危害发生的措施。"航空公司违反了本条规定。本案中，由于该公司网站售票输入要素的设计缺陷，提供了模糊的信息，致使在消费者误填身份证件号码的情况下，仍能成功购买机票，客观上阻碍了合同的有效履行，虽然该缺陷未对旅客人身造成危害，但是却可能造成旅客的其他损失。因此，该公司对此负有责任。《中华人民共和国民法通则》第 111 条规定："当事人一方不履行合同义务或者履行合同义务不符合约定条件的，另一方有权要求履行或者采取补救措施，并有权要求赔偿损失。"本案例旅客订票付费行为已经成功，运输合同应确认为有效成立。航空公司应对所订购机票及时采取必要的补救措施，通过重新订座确认、退票等方式，尽到履行合同义务的责任，同时，视情况承担相应赔偿责任。另外还应对网站缺陷进行及时修补，防止此类问题的继续发生。

要点归纳：电子客票的广泛应用，需要加强对网站细节的关注。

(五) 经典案例之五:打包销售,给旅客带来损失

案例呈现:一旅客购买某航空公司三亚—武汉—沈阳航班机票,购票时销售代理人告知旅客因为此产品属打包销售,旅客在武汉机场可被安排住宿过夜。由于航班延误,旅客于当日22点30分到达武汉机场,旅客按售票人员所提供信息询问该公司地面服务人员时得到的答案却是此航段不含住宿,旅客无奈只得自行解决当日住宿。事后旅客再次致电该公司办事处确认实情,得到解释为此产品确为打包销售,含有住宿。旅客为此要求作出合理解释。

案例解析:《合同法》第8条规定:"依法成立的合同,对当事人具有法律约束力。当事人应当按照约定履行自己的义务,不得擅自变更或者解除合同"。本案例中,旅客支付了客票票款,并认可了销售代理人所告知的航空公司产品附加合同条款,应视为打包运输合同成立。航空公司未按合同要约履行合同,侵害了旅客在合同中应该享受的权益。经了解,本案例购机票加住宿的打包销售是某航空公司推出的一种新产品,要求销售代理人在开具此类客票后,将旅客姓名、性别、联系方式、航班日期、航班信息、订座编码,以传真的形式向航空公司反馈,以使航空公司能在中转机场为旅客提供服务。销售代理人在传递信息过程中,将旅客联系方式遗漏传输,导致航空公司无法与旅客提前取得联系。当日现场由于时间已晚,该航空公司相关人员未能积极与销售代理人联系,查询并核实该旅客的相关信息,使旅客只能自行解决住宿,从而引发投诉。《消费者权益保护法》第35条规定:"消费者在接受服务时,其合法权益受到损害的,可以向服务者要求赔偿。"本案合同成立事实清晰,旅客有权向提供服务的航空公司提出赔偿要求,航空公司应履行双方约定的赔偿责任并继续履行运输合同义务。航空公司在承担赔偿责任后,对于销售代理人的工作失误,航空公司可依据《消费者权益保护法》及《合同法》规定向销售代理人提出追偿要求。

要点归纳:航空公司和其销售代理人应关注打包产品服务实施的全过程。

二、民航运输生产基础知识

为了便于介绍和理解民航国内客票销售的有关知识,我们有必要掌握以下有关民航运输的基本概念。

(一) 民用航空承运人及分类

航空承运人是指为了取得报酬,购买或者租用民用飞机而从事提供航空服务的企业,又称为航空运输企业。航空承运人可以通过它提供的经营方式加以识别。按照其航班运营的形式,可以分为定期航班承运人和非定期航班承运人。

定期航班承运人或者航空公司,主要从事定期航班的经营,也从事非定期航班的经营。

非定期航空承运人,从事的主要活动是非定期的经营,不能从事定期航班的经营。包机航班是非定期航空承运人重要的运营方式。

当然按照承运人经营的航线是否超越一国国界,又可以划分为国际承运人和国内承运人两种,其中,国际承运人是主要经营一国以上航线以及国内航班的承运人;国内承运人是获准基本上全部从事本国国内航线经营的承运人。

(二)航班

如前所述,航班是指按照民航管理当局批准的民航运输飞行班期时刻表、使用指定的航空器、按照规定的航线在指定的起讫经停点停靠的从事旅客、货运、行李、邮件运输飞行服务。

航班通常用航班号来标识具体的飞行班次。航班号由字母和数字组成,国内航班的航班号一般采用两个字母的航空公司代码加 4 位数字组成,第一位数字表示执行该航班任务的航空公司数字代码,第二位数字表示航班终点站所属管理局地区或航空公司所在地的数字代码,第三位、第四位数字表示某个具体的航班,第四位数字单数表示去程航班,双数表示回程航班。国际航班的航班号一般采用两个字母的航空公司代码加 3 位数字组成,第一位数字表示执行该航班任务的航空公司数字代码,第二位、第三位数字表示某个具体的航班,单数表示去程航班,双数表示回程航班。由于航班数量增加,现在航空公司在各自某些航班号的编排上与上述规定有一定的出入,特别是各航空公司跨地区飞行的航班号、联合承运人的航班号、地方航空公司的航班号等都是根据实际情况而定。

例 1-1　CZ3615,沈阳—广州。CZ:南方航空;3:南航国内航班代号;15:序号,5 为单数,为国内去程航班。

例 1-2　ZH9608,沈阳—广州。ZH:深圳航空;9:深航国内航班代号;08:序号,8 为双数,为国内回程航班。

例 1-3　CZ361,广州—曼谷。CZ:南方航空;3:南航国际航班代号;61:序号,1 为单数,为国际去程航班。

例 1-4　CA932,法兰克福—北京。CA:国际航空;9:国航国际航班代号;32:序号,2 为双数,为国际回程航班。

如前所述,航班按照民航运输飞行的时间规律,可分为定期航班、不定期航班。

(1)定期航班。航空公司在一段时间安排的运输飞行,具有规则性的飞行周期或者飞行时刻,这类飞行称为班期飞行航班,是向一般公众开放使用并且按照公布的班期时刻或者构成显而易见的系列型飞行的一种固定频率来经营的航班。在运输繁忙时期,在班期飞行航班班次之外沿着定期班期飞行的航线增加的航班飞行,称为加班飞行。班期飞行航班和同类性质的加班飞行航班统称为定期航班飞行。定期航班是民航运输的主要运输形式,是航空公司赖以生存的主要生产方式。因此,衡量航空公司的生产水平时,总是以定期航班的运输周转量为主要生产指标。

(2)不定期航班。不定期航班服务,通常是指航空公司根据运输需要提供的非规则性飞行服务,如包机运输飞行和某些加班运输飞行等。这类航班没有固定的航班飞行时刻表,也没有固定的飞行航线,通常是根据运输需要和合同需求,安排机型、飞行时刻、飞行航线和运价。不定期航班运输是航空公司的辅助生产方式。

航班按照运输飞行的去向,又可分为去程航班和回程航班。

去程航班,是指从航空公司机队所在基地出发的飞行航班。回程航班,是指返回机队所在基地的飞行航班。

航班按照民航机飞行的区域,可以分为国内航班、国际航班。

(三)航路

民航运输服务时民航机需要跨越天空在两个或多个机场之间飞行,为了保障飞行安全,必须在机场之间的空中为这种飞行提供相对固定的飞行线路,使之具有一定的方位、高度和宽度,并且在沿线的地面设有无线电导航设施。这种经政府有关当局批准的、飞机能够在地面通信导航设施指导下沿具有一定高度、宽度和方向在空中做航载飞行的空域,称为航路。

(四)航段

一条航线经过的站点至少有两个,即飞行起点(或称始发站)和飞行终点(或称终点站)。在起点和终点之间可以有多个经停点(或称经停站)。

在航空运输生产过程中,航段概念通常分为旅客航段(Segment,通常称为航段)和飞行航段(Leg,通常称为航节)。旅客航段通常是指能够构成旅客航程的航段,例如,武汉—上海—洛杉矶航线,旅客航程有 3 种可能:武汉—上海,上海—洛杉矶和武汉—洛杉矶。飞行航段是指航班飞机实际飞经的航段,例如,武汉—上海—洛杉矶航线,飞行航段为武汉—上海和上海—洛杉矶。

(五)航线

从事民航运输业务的承运人在获得经营许可证之后,可以在允许的一系列城市(或称站点)范围内提供航空客货邮运输服务。由这些站点形成的航空运输路线,称为航线,也称飞行航段。

航线由飞行的起点、经停点、终点、航路等要素组成。

航线不同于航路,它与实际飞行线路的具体空间位置没有直接关系。航线是航空运输承运人授权经营航空运输业务的地理范围,是航空公司的客货运输市场,是航空公司赖以生存的必要条件。因此,对航空公司来说,运营航线的优劣与多少,对它本身的发展十分重要。

航线按照飞行的区域可以划分为国内航线、国际航线和地区航线。

(1) 国内航线是指飞行起点、经停点和终点都在同一国家境内的航线。通常根据飞行起点、经停点和终点所在城市的政治、文化和经济的地位与繁荣程度,国内航线又分为干线和支线。干线是指首都北京至全国各省会城市和大城市之间的航线,形成省际或大城市之间的空中交通干道,例如,北京—上海,北京—广州,广州—上海等。一般来说,干线上的客货流量大,使用的机型运载能力较大。支线是指大城市(一般指省会)至本地区中小城市之间的航线,主要目的是汇集或疏散客货流,辅助于干线运输,例如,上海—宜昌,南京—黄山等。

(2) 国际航线是指飞行起点、经停点或终点超过一个国家的国境线的航线,例

如，广州—新加坡，北京—伦敦，上海—东京。

(3) 地区航线是指在中国大陆城市与香港、澳门、中国台湾之间的飞行航线，例如，厦门—台北，上海—香港，北京—澳门。

对以上介绍的民航运输生产知识的熟练掌握是从事民航国内客票销售工作的基础性要求。

三、民航客票销售基础知识

客票指由承运人或其代理人所填开的被称为“客票及行李票”的航空旅客运输凭证，包括运输合同条件、声明、通知以及乘机联和旅客联等内容。

(一) 客票的作用

(1) 客票是旅客和航空公司之间签署的运输契约，是承运人和旅客订立的航空运输合同条件的初步证据，是旅客办理乘机手续、托运行李的凭证。

(2) 客票是航空公司之间及航空公司与代理人之间进行结算的依据。

(3) 客票是旅客退票时的凭证。

(4) 客票是一种有价证券。

(二) 客票的分类和构成

根据客票提供者的不同，通常把客票分为航空公司客票和 BSP 客票两种。

(1) 航空公司客票。航空公司客票(参见图 1-26)在客票的封面上印有该票所属航空公司的名称、航徽及其代码等标记。

国内航空公司客票是由会计联、出票人联、乘机联、旅客联组成的。会计联供财务部门审核和记账，出票人联供填开客票的单位存查，乘机联供旅客在客票上所列明的指定地点之间搭乘飞机以及托运行李使用，旅客联由旅客持有，旅客在使用客票、退票和报销时必须持有旅客联。

图 1-26　航空公司客票

(2) BSP(Billing and Settlement Plan，开账与结算计划)客票。BSP 采用统一规格标准运输凭证即中性客票，经加入中国国内 BSP 的航空公司授权，代理人直接代理这些航空公司的业务，并按照统一和简化的程序制作销售报告，实施结算和转账，由此提高代理人的销售能力和服务质量。在代理人确认之前，没有任何航空公司的标志。

一旦在票证上刷了承运人识别标牌,该票证就成了该航空公司的财产。BSP 客票的封面上印有国际航协的标志及专门设计的图案。

BSP 客票与国内各航空公司的客票在格式上的区别主要表现在"付款栏"(仅在会计联和出票人联中有,乘机联和旅客联与此栏对应的位置为条形码)和航空公司的确认盖章栏。

(三) 客票的使用

客票是旅客运输凭证,使用时有严格的规定。

(1) 客票为记名式,只限客票上所列姓名的旅客本人使用,不得转让和涂改,否则客票无效,票款不退。

(2) 旅客未能出示根据承运人规定填开的包括所乘航班的乘机联和所有其他未使用的乘机联及旅客联的有效客票,无权乘机。旅客出示残缺客票或非承运人或其代理人更改的客票,也无权乘机。

(3) 客票的乘机联必须按照客票上所列明的航程,从始发站开始顺序使用,如果客票的第一张乘机联未被使用,而直接使用后续的乘机联,则第一张乘机联作废,不予使用。

(4) 每一乘机联上必须列明舱位等级,并在航班上订妥座位和日期后方可由承运人接受运输。

(5) 旅客应在客票有效期内完成客票上列明的全部航程。

(6) 含有国内航段的国际联程客票,其国内航班的乘机联可直接使用,不需换开成国内客票。

(7) 旅客在我国境外购买的用国际客票填开的纯国内段的客票,应换成我国国内客票才能使用。

(8) 航空公司及其代理人不得在我国境外使用国内航空运输客票进行销售。

(9) 定期客票只适用于客票上列明乘机日期的航班。

(四) 客票的有效期

(1) 普通客票的有效期自旅行开始之日起,一年内运输有效;如果客票全部未使用,则从填开客票之日起,一年内运输有效。

(2) 特殊客票的有效期,按照承运人规定的该特殊票价的有效期计算。

(3) 客票有效期的计算,从旅行开始或填开客票之日的次日零时起,至有效期满之日的次日零时为止。

例 1-5　旅客于 2014 年 6 月 29 日 12:10 购买了一张 2014 年 7 月 17 日 CZ3101 航班的全价机票。如果客票全部未使用,客票有效期至 2015 年 6 月 30 日零时;如果客票因飞机备降部分使用,客票有效期至 2015 年 7 月 18 日零时。

(五) 客票的销售方式

目前客票的销售方式主要包括以下两种:

(1) 航空公司的销售部门:航空公司设在市区的和机场的销售网点。近年来由

于客票销售市场竞争激烈，各销售代理在销售过程中采用暗扣销售、散客充团等各种方式来争夺客源，在一定程度上扰乱了市场，也影响了航空公司的客票销售。为了稳定市场，尽可能地提高航空公司的销售额，航空公司建立了自己的机票直销点，通过电话送票的形式获得更多更直接的客户，可以节省必须支付给代理人的3%的代理费。目前航空公司还开发网上销售网络，极大地方便了旅客，也给传统的销售方式带来了新的挑战。

（2）销售代理：销售代理企业受民航运输企业的委托，在约定的经营范围内以委托人的身份处理航空运输（客货运输）、销售及相关的业务。销售代理业的出现，使民航运输企业集中力量搞好运输服务，而把销售服务由代理企业承担，通过竞争提高了服务质量，减少了大量销售方面的经费和成本，同时也扩大了市场。销售代理企业则通过佣金来赢得利润。销售代理人和航空运输企业的直销点都采用类似的方式经营，唯一的优势在于销售代理人可以同时出售多家航空公司的机票，给旅客更多的选择。

我国自1987年开始出现航空销售代理企业，1993年8月中国民航总局颁布了《民用航空销售代理业管理规定》，规定把销售代理企业分为两类：一类企业可以经营国际和地区航线的销售代理业务，要向民航总局提出申请，注册批准；二类企业只经营国内航线业务，向民航地区管理局提出申请，取得批准。

（六）客票销售新渠道介绍

随着移动互联网技术的不断发展和被公众的广泛认知，基于移动互联网技术的新客票销售渠道必将成为发展的趋势。可以预测，在未来的2～3年客票销售行业即将开启微信营销时代，这将给消费者带来超乎其想象的全新完美体验，同时也将给航空公司和代理人的营销策略带来更高要求。

1. 微信及其产品特征分析

微信是腾讯公司于2011年初推出的一款通过网络快速发送语音短信、视频、图片和文字，支持多人群聊的手机聊天软件。它是继电子邮件、聊天室、博客、播客、微博等之后的又一社交媒体形式。微信从它诞生的那天起，就凭借着即时、全能、多维的综合媒体整合能力，迅速占领目标市场。截至2012年底，微信用户数快速增至3.6亿。微信是凭借什么魅力吸引到如此多的用户喜爱？其原因就蕴含在微信的产品功能特性中，下面简要对微信的产品特征加以分析。

1）基于移动互联网络的产品设计理念

微信与其他社交媒体形式最本质的区别就是其完全基于移动互联网络的产品应用平台。随着苹果公司于2007年1月推出第一代iPhone手机，以此为代表的智能手机风靡全球，更重要的是智能手机彻底颠覆了传统的只能坐在计算机显示屏前访问互联网的习惯，让人们可以更加便捷地在任何时间、任何地点，以任何姿态通过更具便携功能的手机屏幕浏览各种互联网资源。智能手机在全球范围内的广泛使用促成了人类社会加速步入移动互联网络时代的脚步。截至2012年底，全国移动互联网用

户已达9亿。在世界范围内，通过移动网络访问互联网的用户已超过PC固定网络。微信的快速扩张正是借了移动互联技术强势崛起这一东风，并有效地将现代社会交往中迫切需要的连接、传播、互动三项核心功能完美实现。

2）跨平台支持多款智能手机操作系统

当技术界还在就苹果、安卓哪个操作系统更适合有效发挥智能手机应用功能特点争论得喋喋不休时，微信已悄然完成了跨平台的应用整合。目前，微信可以支持苹果的IOS、谷歌的Android、微软的Windows Phone以及诺基亚的塞班S60V3、S60V5等4款主流智能手机操作系统，它们的市场占有率如图1－27所示。微信使用户完美跨越了因彼此手机操作系统不同而带来的交互和应用障碍。

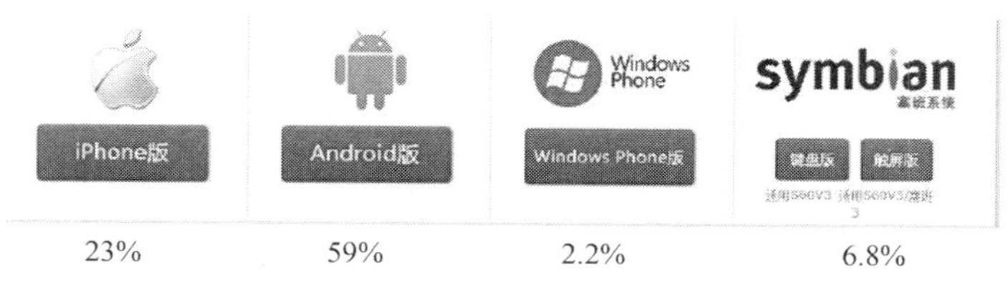

23%　　59%　　2.2%　　6.8%

图1－27　全球智能手机系统2012年市场占有率

3）有效整合多种主流传播方式

可以毫不夸张地说，微信是过去20年移动通信和网络通信的各项成功产品的核心功能的集大成者。它可以全方位、多角度、一站式地满足用户已经形成的使用其他产品的体验惯性需要。其通信功能可支持用户使用文字、语音、表情、地理位置、图片、视频的“六合一”立体式沟通体验。其娱乐功能通过朋友圈、附近的人、摇一摇、漂流瓶、扫描二维码等应用组件，让用户更加便捷地和周围的人和事互动。

4）成功突破网络运营商制约瓶颈

微信得以快速风靡的另一个重要因素就是它给用户提供了低流量、低资费的“双低”移动互联网应用解决方案。微信通过其先进的技术有效地解决了移动互联网应用型产品因其高数据流量而带来的高使用成本的难题。这一重要技术的突破给微信带来了其他近似产品无可比拟的使用成本优势。

2. 微信的商业模式探析

微信只是工具，如何科学、有效、合理地运用这一工具的特征开发出能为用户带来更多价值和更好体验的产品和服务，从而实现供应商的盈利呢？以下将从微信的典型应用来探析其已经显现或尚在隐含的商业模式。

1）满足用户个性化资讯需求——信息订阅模式

微信上的信息以订阅模式呈现。“订阅”这个动作意味着用户希望在公共平台上获得其需要的更专业、更全面的视角、观点，原始事实可以通过整合再输出，从本质上提升了资讯的个性化和价值性。和微博资讯以争取共鸣、披露真相为目的的“一对多”的广播式呈现相比，微信资讯可以支持以观点探讨、差异分享为目的的“一对一”的管道式呈现。信息订阅模式使微信成为实施精准化市场营销的有效传播媒介。

2）挖掘海量用户的潜在价值——广告推送模式

如何挖掘出海量用户的潜在价值，这是新型社交媒体一直在苦苦探寻并必须要解决的难题。以 Facebook、Twitter、新浪微博为代表的新型社交媒体，拥有数以亿计的海量用户，所有人都不怀疑其中蕴含的商业价值，但在如何开发其显现出来的实践路径方面似乎还没有找到合适的商业模式。微信在其开发阶段就设计出来推送功能，该功能可以强制性地将文字、语音、链接等信息发送到微信用户。推送模式的到达率接近 100%，其在活动促销、网站推广、信息发布等商业领域效果明显。广告推送模式会有效地促使公共平台——公司用户以更大热情和动力投放更多的资源到其微信平台上，为其微信用户提供更具价值的产品和服务。

3）创造客户交流新体验——语音互动模式

人类最习惯、最便捷、最普适的传递信息的方式是语言。微信拥有目前其他社交媒体所不具备的强大的语音信息呈现功能，语音消息很适合用来做用户交流互动，就如电台广播中的听众访谈环节，微信用户可以直接就某一大家共同关心的问题，发表各自的说法。语音互动模式创造了企业和客户的新型交流模式，将有助于企业更加准确地捕捉到客户的最真实需求，从而为其产品和服务创新指明发展方向。

4）运用二维码实现联动——跨媒营销模式

二维码是连接传统平面媒体和现代网络媒体的纽带，通过微信的扫一扫功能，可以轻松解决企业各种营销手段的线下与线上有效联动的难题。目标群体可以通过平面广告、电视广告等传统下线媒体从视觉上了解产品和服务，通过扫一扫二维码，就关注了企业线上的微信账号，可以获得更多新鲜企业资讯。企业积累人气可以通过微信轻松实现并延续。二维码是一种既隐秘又公开的信息传递载体，它可以通过多种物料的形式展示，能天然激发人们的好奇心去关注黑白抽象图形后隐藏的丰富信息。跨媒营销模式将为企业实现线上营销、线下销售提供绝佳的机会。

（三）机票销售的微信机遇

同酒店、邮轮、旅游、会展、租车等综合旅游类其他细分市场产品相比，机票是业内公认的最容易被标准化的产品。特别是在 2008 年全面实现机票电子化后，机票销售成为最快上线并迅速电子商务化的旅游类产品。无论是航空公司的机票直销还是代理人的机票分销均及时调整策略，纷纷加大其在线上的营销投入。航空公司在 B2B、B2C 销售占比快速增加；代理人在竞价平台、网站交易份额迅速扩张的现象无不说明了机票销售领域正在经历由线下业务向线上交易的模式转型。微信的出现恰逢其时，它给机票销售线上交易模式提供了全新的承接载体。曾有业内人士指出，机票信息可以完整地呈现在智能手机的一页屏幕上，这注定了它终究要通过智能手机销售的未来。随着移动互联网技术的日臻完善，用户通过智能手机购买机票将成为移动电子商务最容易实现的在线应用项目，微信则为这种应用的实现提供了再合适不过的绝佳平台支持。

无论是航空公司还是机票代理人，它们在日常的线下机票销售过程中积累有大

量的客户手机号码、QQ 号码、电子邮箱等有效联系方式，这将有助于其迅速发展公共平台的微信用户，且“吸粉”成本很低。特别是机票销售代理人应思考如何通过微信进行更好的公司和用户互动营销，使微信成为其在现今竞争白热化，传统渠道、电子商务平台都向少数平台集中的趋势下保持相对竞争优势的工具。移动微信营销将成为国内机票竞价平台、机票销售垂直搜索引擎之后的下一个蓝海。让我们拭目以待，共同关注客票销售领域即将到来的微信营销时代。

自我检测

（1）请阐述五种运输方式并简要描述各自的特点。

（2）请阐述航空运输的特点。

（3）请阐述航空运输企业的定义及基本业务职能。

（4）请简述代码共享对航空运输业的影响有哪些。

（5）请分别说出五种宽体飞机型号和五种窄体飞机型号。

学习单元二　民航国内客票销售地理知识

学习目标

（1）了解我国自然地理、经济地理及人文地理的基本情况。
（2）掌握我国航空区划及各区划特征。
（3）了解北京、上海、广州的基本情况。
（4）掌握地球的旋转及对飞行的影响。
（5）了解大气层的垂直分层情况。
（6）掌握影响飞机起降的特殊天气。
（7）掌握影响航行的特殊天气和现象。

学习内容

（1）我国自然地理、经济地理及人文地理的相关知识。
（2）北京、上海、广州三大核心城市的基本信息。
（3）与飞行相关的地球运动知识。
（4）大气层及飞行环境知识。
（5）影响飞机的天气知识。

第一节　我国地理知识简介

一、我国自然地理环境

“地大物博”是对我国自然地理环境最贴切的描绘。我国国土面积960万平方千米，为亚洲领土面积最大的国家。西起亚欧大陆中部的帕米尔高原，东至浩瀚的太平洋，从东五区到东九区，地跨五个时区；北起西伯利亚高原，南至南海诸岛，从亚寒带到热带基本跨越了整个北半球。如此辽阔的地域所对应的领空为我国航空运输业的发展提供了一座广阔的舞台，为打造一个巨大的国内航空运输市场从客观上提供了可能。

“西高东低，地貌类型多样”是我国地势的总体特点。西南有“世界屋脊”之称的青藏高原，屹立着海拔8843米的世界最高峰珠穆朗玛峰；东部从北到南依次是东北平原、华北平原、长江中下游平原、珠江三角洲，既是我国主要的农作物产区，又是我

国经济的发达地区。人口密集，经济贸易活动频繁，旅游资源丰富，无疑为我国航空运输业的快速发展提供了充足的客货源。

由于我国南北纬度跨越大、地形丰富，这使得我国气候类型复杂多样，亚寒带气候、温热带气候、亚热带气候、山地气候、高原气候都能在我国找到极为典型的特征区域。丰富的地貌使我国拥有众多风景独特的自然旅游资源，吸引中外宾客纷至沓来一饱眼福。旅游业的繁荣发展影响和带动了区域内以航空旅游为目的的民航旅客运输业务量的迅猛增长。

总之，我国的自然环境为我国国内航空运输业的发展提供了巨大同时又充满潜力的发展空间。如何系统地、科学地、有效地利用现有自然环境资源优势，充分发挥出其内在的潜力和优势，将是我国民航业界有待进一步深入思考和解决的问题。

二、我国经济地理环境

经济区域分布是影响航空运输资源布局的关键性外部因素。从全球航空运输资源的分布情况来看，区域经济的繁荣程度和航空运输的发达程度存在显著的正相关性已是不争的事实。从国际航线的分布特点来看，北美、欧洲、东亚是航线最密集的区域。从经济发达程度来看，它们也是世界经济的中心。

经济高度发展必定要求运输业能提供方便、及时的人员和物资流动，要求建立现代化的运输网络。航空运输以其速度快的优势成为现代化立体、高效运输网络的重要一环，可以满足与区域内的经济高速发展相匹配的区域内或区域间的人员和物资流动的需要。全球最繁忙的北大西洋航线充分说明了航空运输和经济发展的关系，因为它连接了世界上两大经济实体——美国和欧盟，大西洋两岸的这种经济贸易交往的密切造就了这片世界上最繁忙的天空。全球增长最快的区域是东南亚，这也造就了全球民航运输高速增长区域是以中国为代表的东南亚航空区划。

我国航空运输布局和发展趋势也同样遵循着与经济发展相适应的轨迹。北京、上海、广州是我国三大最繁忙的航空港，它们在航空网络中关键地位的形成也都是因为它们分别依托于其所处的京津冀经济区、长江三角洲经济区、珠江三角洲经济区的区域经济强势发展，而且这三个城市也都分别是其所在区域的核心城市和经济中心。改革开发以来，由于我国东部沿海地区经济增长显著，我国的航线分布、航空运力投放、航线网络建设等航空运输资源多集中投放在东部经济发达地区，我国航空运输资源的分布明显出现东西不平衡的局面。但是随着我国西部大开发、振兴东北老工业基地等经济战略政策的相继出台，加之原有产业结构的大调整和相关企业的战略性向西部迁移，我国的航空运输网络也正随之逐步向西、向东北等区域扩张，东部的大中城市通往西安、武汉、成都、沈阳、乌鲁木齐等地的国内航线都成为国内各大航空公司增加运力投放、抢占市场份额的重点。随着我国在全球经济活动中的重要程度显著增强，各大跨国公司纷纷进军我国、投资设厂，同时与我国企业开展的各种层次的合作不断增多，这无疑促使我国和世界各国的经济贸易往来更加密切，人员交往更加频繁，这给我国的国际航线带来了大量的客货源。

三、我国人文地理环境

我国是世界四大文明古国之一，有近五千年的悠久文化历史，同时造就了为世人所骄傲和称奇的历史遗址和古迹。万里长城、秦始皇兵马俑、敦煌莫高窟、北京故宫等都是中华民族聪明智慧和精湛工艺的结晶，是全人类的文化瑰宝。随着2014年大运河（参见图2－1）和丝绸之路被正式列入世界文化遗产名录，我国已有32处古迹被列入世界文化遗产名录。我国丰富的人文旅游资源吸引了无数国内外游客纷至沓来，航空运输是游客的最佳选择。在我国现有的国际国内航班上，游客占据着相当大的比例，旅游因素现已成为直接影响航空公司新航线开辟和运力投放增加的重要依据，这一点在我国中西部航空运输资源的分布上表现得更为显著。

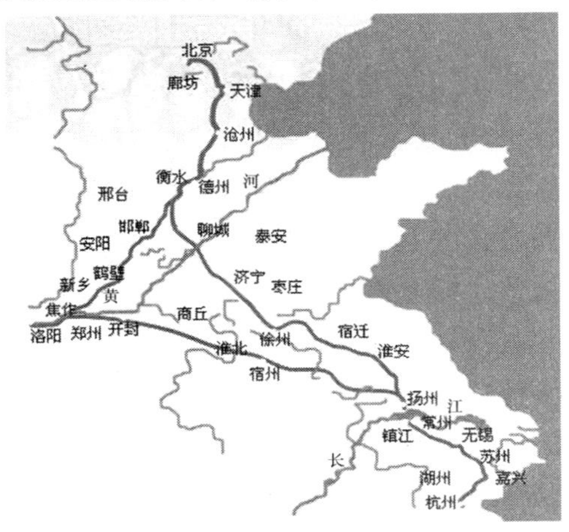

图2－1　大运河路线示意图

四、我国航空区划介绍

设置航空区划是为了能因地制宜地安排运力，合理规划机场布局，最大限度地协调国内国际航空的发展，充分发挥航空资源对区域发展的支持作用，以获得最佳的经济和社会效益。1949年新中国成立后，我国民航由于基础薄弱，不得不沿袭国民政府时期的北京、沈阳、广州、成都、兰州、上海六大航空管制区，成立了民航六大地区管理局。1982年，西北局由兰州迁往西安。随后，民航局考虑到新疆地广人稀，同时为了促进新疆民航业快速发展，在1985年成立民航第七个航空管制区，即乌鲁木齐管理局。

目前，中国民航局下设七大地区管理局，分别负责履行相应航空区划内的行政管理职能。

（1）民航华北地区管理局位于北京，其管辖两市两省一区，分别是北京市、天津市、河北省、山西省、内蒙古自治区。该区域地貌以丘陵、平原、山地为主，属于暖温带

大陆季风性气候，是我国煤炭、石油、天然气的主产区。区域主要城市包括：北京、天津、秦皇岛、石家庄、邯郸、太原、呼和浩特、包头。

（2）民航华东地区管理局位于上海，其管辖一市六省，分别是上海市、山东省、江苏省、安徽省、浙江省、江西省、福建省。该区域地貌以丘陵、平原、盆地为主，属于亚热带湿润性季风气候。华东是我国经济发达地区，综合技术水平较高，区域内农业、工业、服务业与区外联系紧密。区域主要城市包括：上海、南京、杭州、宁波、温州、合肥、厦门、福州、南昌、济南、青岛。

（3）民航西南地区管理局位于成都，其管辖一市三省一区，分别是重庆市、四川省、贵州省、云南省、西藏自治区。该区域地貌以山地、丘陵、盆地为主，属于亚热带山地高原气候。由于地处我国内陆，经济相对落后，但是随着我国西部大开发战略的落实，区域发展潜力正不断释放。区域主要城市包括：重庆、成都、绵阳、昆明、贵阳、拉萨。

（4）民航西北地区管理局位于西安，其管辖三省一区，分别是陕西省、甘肃省、青海省、宁夏回族自治区。该区域身居内陆，位于大兴安岭以西，昆仑山—阿尔金山—祁连山以北，地广人稀，多为少数民族聚居，区域地形多变，气候干旱，工农业都相对落后，但是随着建设丝绸之路经济带的国家战略稳步实现，该区域经济发展速度不断提高。区域主要城市包括：西安、延安、西宁、银川、兰州、敦煌。

（5）民航中南地区管理局位于广州，其管辖五省一区，分别是广东省、湖北省、湖南省、河南省、海南省、广西壮族自治区。该区域南北较长，地形复杂，海岸绵长，江河湖泊众多，地跨中原地区、长江中游、珠三角等我国工农业核心区域。区域主要城市包括：郑州、洛阳、武汉、长沙、广州、珠海、深圳、南宁、桂林、海口、三亚。

（6）民航东北地区管理局位于沈阳，其管辖三省，分别是辽宁省、黑龙江省、吉林省。该区域山水环绕，自然资源丰富，形成了相对独立的区域经济单元，在我国经济中占有重要地位。区域内的装备制造业、石油化工业、冶金工业、船舶制造业、汽车制造业、高新技术产业、农产品加工业发展水平处于全国领先水平。区域主要城市包括：哈尔滨、长春、沈阳、大连。

（7）民航乌鲁木齐管理局位于乌鲁木齐，其管辖新疆维吾尔自治区。该区域地处亚欧大陆核心地带，是我国通往中亚的重要门户，具有极为重要的战略意义。随着我国对新疆扶植力度的空前加大，区域内经济正呈现加速活跃态势。

第二节 我国三大核心城市简介

航空运输是一个受制于区域经济、旅游、政治、文化等诸多因素发展的行业。北京、上海、广州是我国最大的三个城市，分别是全国性的政治文化、科技金融、对外贸易中心，同时也是所在区域经济中心。它们的经济地位同时也成就了其作为我国航空门户的角色，是我国航空旅客和货物运输的集散地。作为从事民航国内客票销售

业务的人员，需要全面地了解航空热点城市的信息，本书仅以北京、上海、广州为例加以介绍。

一、北京简介

北京市是中华人民共和国首都，简称京，是世界著名的历史文化名城、东方古都，为我国七大古都之一，距今已有3000多年历史。春秋战国时期为燕国都城，辽代定北京为陪都，金、元、明、清均定都于此，金称中都，元称大都，明清称京师。自中华人民共和国成立以来，首都北京逐渐发展成为我国的政治、文化、信息和对外交往的中心。北京是古老的，但同时又是一座焕发美丽青春的古城（参见图2-2），它正以一个雄伟、奇丽、新鲜、现代的姿态出现在世界的东方。

图2-2 北京紫禁城和天安门广场鸟瞰

诚如古人所言："幽州之地，左环沧海，右拥太行，北枕居庸，南襟河济，诚天府之国。"北京地处华北平原，北为燕山山麓，西为太行山系，东南则为平原。总体上西高东低，平均海拔40米左右。北京自古就发挥着连接东北、西北和中原地区的纽带作用，现在已经发展成为我国公路、铁路、航空运输的重要枢纽之一。北京地区属温带半湿润大陆性季风气候，四季分明，年平均气温11.6℃，年均降水638毫米且集中于7、8月间。北京交通便利，自然环境优越，早在几十万年以前，中国民族的祖先——北京猿人就已经在这块土地上繁衍生息。

北京的经济发展经历了两个重要的阶段：建国之初，将北京规划为我国的重要工业基地之一，是环渤海重工业经济区的重要核心城市。在这个思路的指导下，北京建成了囊括冶金、石化、机械、煤炭、汽车、纺织、电子、建材等门类齐全的重工业城市。由于北京人口十分密集，生活必需品市场广阔，促进了城郊农副产品基地的建设和发展。虽然工业发展水平上去了，但是北京也为此付出了沉重的代价，北京的水质下降，空气质量变差，"重度环境污染"与中国首都的称谓是无论如何也不相称的。为了达到重塑新北京、新首都的目标，北京整体城市定位有所改变，"国家首都、国际城市、文化名城、宜居城市"是北京新的总体发展目标。原有的高污染、高能耗的工业部门纷纷被政策性地迁出北京城区，取而代之的是金融、IT、旅游、展览等科技性、服务性

强的行业。其结果是在经济高速发展的同时，北京的水净了，天蓝了，街道整洁了，北京的整体环境得到了很大改善。能够成功举办2008年奥运会是国际社会对北京整体城市转型工作给予的高度肯定和赞扬。

二、上海简介

上海市是我国经济、文化中心城市，简称沪。古时上海为长江入海口处的小渔村，春秋时属吴国范围，战国时期为楚国春申君的封地，因此上海别名申。从宋朝开始在此建城设镇，始称上海。1291年8月19日，当时的元朝批准在上海建县，后来这一天被定为上海建城纪念日，1927年设市。“大上海”是这座大都市在近代历史中的最好写照，它是那个时期中国现代文明的代表，是西方资本家的天堂，同时这里也是中国共产党的诞生地。解放后，上海成为我国首批三个直辖市之一，现代的上海人正用自己的辛勤努力，续写着这座世界级大都市的辉煌(参见图2－3)。

图2－3　上海浦东新区鸟瞰

上海位于北纬31度、东经121度左右，处在南北跨度约为120千米、东西跨度约为140千米的区域内。这里是长江三角洲冲积平原最前端，长江入海口东南岸，中国海岸线的中心点。上海东濒东海、南临杭州湾、西达昆山嘉兴、北界长江天堑，优越的区位条件使上海自古就成为中国对外经济交往的门户。

上海属亚热带季风气候，春夏秋冬四季分明，日照充足，雨量适中。年平均气温16℃左右，年平均降水量1200毫米左右。上海总面积为6340.5平方千米，流经市区的黄浦江天然地将上海分为浦东和浦西两大区域，其中浦西是老上海缩影，浦东则为中国经济高速发展的龙头之一。现上海行政区划共分成18区1县，黄浦区为市政府所在地。

上海是全国最大的集制造业、服务业、金融业于一体的综合性国际大都市。它是全国最大的商业中心和外贸集散地，是全国最大的科学、文化教育中心城市之一。同时，上海作为一个国际化大都市，每年举行各种各样的国际会议，其中，有商业的、政治的、文化的、艺术的，上海已经成为中国了解世界、世界了解中国的一个窗口。2013年8月22日，经国务院正式批准，上海自由贸易试验区设立，继以浦东为范本的经济技术开发区模式成功后，上海再次承担起自由贸易区这一我国新经济发展模式“孵化器”的重任。试验区成立时，以上海外高桥保税区为核心，辅之以机场保税区和洋山

港临港新城，成为我国经济新的试验田，实行政府职能转变、金融制度、贸易服务、外商投资和税收政策等多项改革措施，并将大力推动上海市转口、离岸业务的发展。2013 年 9 月 29 日，上海自由贸易区正式挂牌成立。上海自贸区范围涵盖上海市外高桥保税区、外高桥保税物流园区、洋山保税港区和上海浦东机场综合保税区等 4 个海关特殊监管区域，总面积为 28.78 平方千米，是“四区三港”的自贸区格局。

三、广州简介

广州市是华南地区主要中心城市和历史文化名城，简称穗，别名羊城。广州从公元前 214 年（秦始皇三十三年）秦王朝任命任嚣为南海尉并建城（俗称“任嚣城”）开始，已有两千多年的建城历史，三国时期吴国孙权于公元 226 年在交州东部设广州，广州之名由此而来。自秦汉以来逐渐成为岭南政治、经济、文化中心，魏晋南北朝时期一直作为我国对外贸易和友好往来的重要口岸，是中国海上丝绸之路的起点。隋唐时期城市有了大规模的扩建，明代为广州布政使司和广州府治，清代为广东省和广州府治。广州是中国近现代革命策源地，既有三元里人民英勇抗击英军侵略，又有孙中山、黄兴领导的黄花岗起义。解放后广州一直走在全国经济发展和改革开放的最前列，带动整个珠江三角洲地区的全面发展。

广州是广东省省会，广东省政治、经济、科技、教育和文化中心，也是华南区域性中心城市，位于珠江三角洲北部，倚珠江、面南海、毗邻香港和澳门，中国第三大河流珠江穿城而过，地理位置十分优越，素有中国“南大门”之称（参见图 2－4）。

图 2－4　广州珠江两岸鸟瞰

广州地处南亚热带，北回归线穿越北部，属南亚热带典型的海洋季风气候。夏无酷暑，冬无严寒，雨量充沛，四季如春，繁花似锦。全年平均气温 21.8℃，年均降水 1983 毫米。由于气候温和、土壤湿润、阳光充沛，广州一年四季树木常绿、鲜花常开，自古就以“花城”著称。在国内城市中，这一别称和美誉也是广州独有的。

广州自然条件优越，物产资源丰富，有许多驰名中外的农副土特产品。广州是中国著名的“水果之乡”。土地、气候等自然条件适宜多种热带、亚热带果树的生长，一年四季都有水果上市，其中荔枝、香蕉、木瓜和菠萝享有“岭南四大佳果”美誉，其他如

杨桃、龙眼、黄皮、柑、橙等也久负盛名。广州自古以来就是全国著名的商埠，它拥有上千年的对外开放贸易历史。改革开放以来，广州经济更是焕发出新的生机，取得了令世人瞩目的成就。从1992年开始，广州综合经济实力跃居全国10大城市的第3位。广州经济发展最突出的特点是包括商业、旅游业、餐饮业和信息、金融、房地产、服务业等在内的第三产业十分发达，占全市国内生产总值的比重高达56%，达到中等发达国家水平。广州经济发展的另一突出特点是，对外开放程度比较高，对外经济贸易发达。

第三节　航空地理知识

航空地理知识是指与航空飞行相关的地理信息的总称，其信息主要包括地球运动的知识、大气层及飞行环境、影响飞行的天气等基本概念。

一、地球运动的知识

（一）地球的旋转及对飞行的影响

地球时刻在宇宙中做着两种重要的运动：自转和公转。地球的自转是指地球绕着地轴自西向东不停地旋转。地球自转一周所用的时间是23时56分4秒，约24小时，也就是俗称的一天。地球上被太阳照亮的一侧为白昼，未被照亮的另一侧是黑夜，自转形成了地球上昼夜更替的现象，而且总是地球的东方迎来曙光，西方送走晚霞。地球的自转还会使得地球上运动的物体受到地转偏向力的影响，除赤道外各地物体在水平运动方向均产生偏转，这种偏转影响飞机的飞行，使之飞行方向发生偏离。地球的公转是指地球以太阳为中心，围绕其自西向东不停地旋转。地球在公转时，地轴是倾斜的，而且它的空间指向保持不变。地球在公转轨道的不同位置，受太阳照射的情况也就不完全相同，形成了春、夏、秋、冬四季的交替。北半球与南半球的季节正好相反，地球上也因此出现热带、南温带、北温带、南寒带、北寒带这五带的不同区域。

由于地球运动的影响，在民航飞行中旅客有时会经过一个漫长的黑夜，有时会经过一个漫长的白天，有时机上的昼夜会十分短暂。当飞机向东飞行时，它以当地的自转线速度与航行速度之和穿过地球的亮区和暗区，这样，机上一昼夜的时间要小于24小时；当飞机向西飞行时，它以当地的自转线速度与航行速度之差穿过地球的亮区和暗区，因此，机上一昼夜的时间要超过24小时。例如，在中美航线上，如果飞机向东飞行，从北京飞往旧金山的航程中，要经过一个较长的黑夜；而返程航线上，飞机向西飞行，则要经过一个漫长的白天。在东西分布的远程航线上，这些现象比较突出。

（二）地球的经线和纬线

人们为了精确描述物体在地球上的位置，人为地用刻度线来标记，即经纬度坐标（参见图2－5）。通过地球两极的大圆圈叫经线圈，两极把经线圈分成两半，每一半

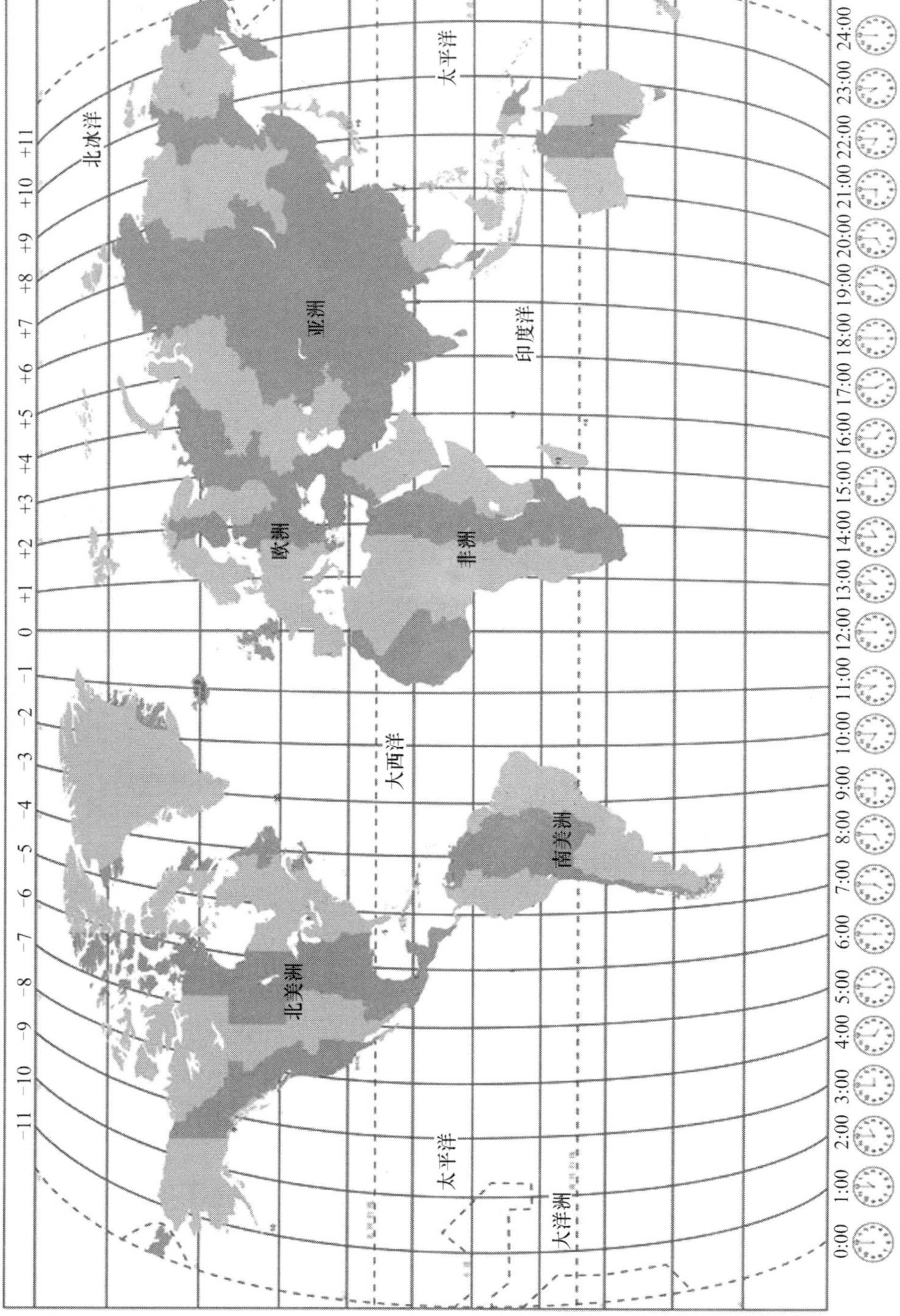

图2-5　地球经纬度示意图

叫做一条经线（或子午线）。地球上有无数条经线，地面上任一点都有一条经线通过。如果不确定一个起点，就无法计算经度，因此在1884年的国际子午线会议上，各国共同商定，以通过英国伦敦市东南郊格林威治天文台的经线作为计算经度的起点，定为零度经线（或本初子午线）。同时还确定：在零度经线以东的180度范围，统称为东经；在零度经线以西的180度范围，统称为西经。例如，北京的经度是东经116度28分。与赤道平行的圆圈叫纬线圈。纬线圈由赤道向两极逐渐缩小。赤道的纬度是0度，南北两极都是90度。为了区别南北两个半球的纬度，将赤道以北的纬度统称为北纬，赤道以南的纬度统称为南纬。北京的纬度是北纬39度48分。

经线是南北方向，纬线是东西方向。经线和纬线相互垂直，经度和纬度的标号组成地理坐标。一般情况下，世界上相同纬度的城市具有十分接近的气候特征。通过纬度的比较，即使不熟悉出行城市的情况，也可大致了解其天气状况。

二、大气层及飞行环境

人类生活的地球被一层空气包围着，地球周围的这层气态物质叫做大气，它的底界是地面，顶界则是没有明显自然边界的散逸层顶端，一般认为大气的顶界约为2000～3000千米。受地球引力作用，大气密度随着高度升高而降低。根据不同的气象条件和气温的垂直变化等特征，大气层可分为五层：对流层、平流层、中间层、暖层和散逸层（参见图2－6）。大气层中的各种现象和空气动力对航空器的飞行活动有重要影响。

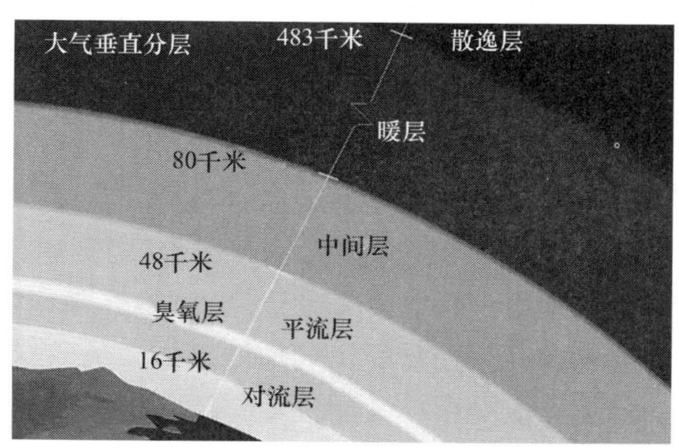

图2－6　大气垂直分层示意图

（1）对流层。对流层是最接近地球表面的一层大气，在不同的地区对流层顶界的高度也不同。在赤道附近，对流层的高度可达到17千米，而在两极附近，对流层的高度仅有7～8千米。同大气总厚度相比，对流层是很薄的，但这里集中了整个大气75%以上的质量和95%以上的水汽。大气中各种天气现象和天气变化大都发生在这一层中，它是对人类的生产、生活以及飞行活动影响最大的圈层。

（2）平流层。平流层也称同温层，因没有垂直方向的空气对流，只有水平方向的大气运动而得名。平流层距地表高度较高，受地面地形地貌影响较小，而水平方向的大气环流是由地球自转而产生的。在平流层内,空气流动比较平稳,有利于飞机作稳定飞行。

(3) 中间层。从平流层顶到约 85 千米高度的大气层称中间层,其显著特点是气温随高度升高而迅速降低,每上升 1 千米大约下降 3.5℃,到中间层顶部可降至零下 83℃以下,成为地球大气温度最低的圈层。这种温度垂直分布造成了大气的对流运动,垂直混合流动明显,故有高空对流层之称。

(4) 暖层。从中间层到暖层顶的大气层称为暖层,也称电离层。该层气温随高度的增加迅速升高,白天可达 1700℃,夜间约为 200℃。在强烈紫外线辐射和宇宙射线的作用下,暖层处于高度电离状态,具有反射无线电波的能力,对无线电通信有着重要作用。

(5) 散逸层。暖层顶以上的大气层,统称为散逸层,也称外逸层。散逸层大气极其稀薄,几乎完全处于电离状态,温度很高,气体粒子运动很快,受到的地球引力又小,以致某些高速运动的气体粒子,能克服地球引力散逸到星际空间去。散逸层是地球大气和星际空间的过渡层。

民航飞机主要活动于对流层和平流层中,从地面算起到约 18000 米高度之内。没有增压的飞机和小型的喷气飞机在 7000 米以下的对流层中飞行。大型和高速的喷气客机装有座舱环境控制系统,在 7000~13000 米的对流层顶部和平流层中飞行。在这个高度,几乎没有垂直方向的气流,飞机飞得平稳,而且由于空气稀薄,飞行阻力相对对流层要小得多。飞机在该层以较高的速度飞行,节约燃油,经济性能好。通常称对流层的上部和平流层的下部为飞机航行层。

三、影响飞行的天气

飞机在大气中飞行,大气总是在不停地运动,特别在对流层的中下部,各种天气现象频繁出现。它们往往对飞行和起降产生不利影响,轻则延误航班,重则造成事故。气象人员要及时、准确地提供航空天气实况、航站预报、航线预报和区域预报,以供航行管制、飞行人员参考,同时,还需要民航地面工作人员的密切配合和协调。因此,民航国内客票销售从业者应对影响飞行的天气有所了解,可有利于在出现因天气原因带来的航班不正常的情况下,从科学、专业、系统的角度为受影响旅客做好必要的解释工作。

(一) 影响起降的特殊天气

从飞行事故的统计和调查表明,约 80% 的事故是在飞机进行起降时发生的。起降事故中,除少数因机械故障和操纵失误外,大多数与天气条件有关。严重影响飞行的恶劣天气包括地面大风、低空风切变、低能见度等。下面做以简要介绍。

(1) 地面大风。气象上,一般把地面风速大于 12 米/秒的风称为大风。航空上,对地面大风的概念更为严格精确。机型不同,其所能承受的最大允许风速也不同。风为矢量,它与跑道的夹角变化时,最大风速允许值也随之变化。有地面大风时,往

往产生乱流涡旋，从而影响飞行的稳定性能，加大飞机的操纵难度。尤其是侧风起降时，飞机起飞和着陆的操纵变得相当复杂。当侧风很大时，飞机难以保持平衡，大风使机身倾斜，有时使翼尖擦地，造成事故。风速强劲时，甚至对停放的飞机也造成很大的破坏。在一定条件下，地面大风可伴有风沙、吹雪、浮尘等发生，致使近地面的能见度降低，从而影响起降。

（2）低空风切变。低空风切变是指600米以下的空中，风向或风速的明显变化（参见图2－7）。低空风切变对飞行安全威胁很大，是构成飞机起飞、着陆的危险因素之一，尤其是飞机在进近着陆过程中，它对飞行安全的威胁尤为严重。这种变化可分为三种基本情况，即水平风的垂直切变、水平风的水平切变及垂直风的水平切变。水平风的垂直切变指水平风在垂直方向上风速或风向的改变；水平风的水平切变指水平风在水平方向上风向或风速的改变；垂直风的水平切变指垂直风在水平方向上的改变。由于风切变的存在，当飞机遇到它时，空速将发生改变，从而使升力发生变化。力的平衡遭到破坏，会发生改变航迹和飞机姿态的现象。这种变化如在高空发生，则可通过适当的操纵使飞机恢复到平衡状态，但在低空则来不及进行操纵调整，有可能造成飞机坠毁事故。影响起降的低空风切变主要表现为水平风切变和垂直风切变。水平风切变主要因风速的变化影响升力，从而改变正常的起降航迹和飞机姿态。垂直风切变是指飞机从无明显的升降气流进入强烈的升降气流区域的情形。特别是强烈的下降气流，往往具有明显的猝发性，强度很强，会使飞机突然下沉，危害很大。

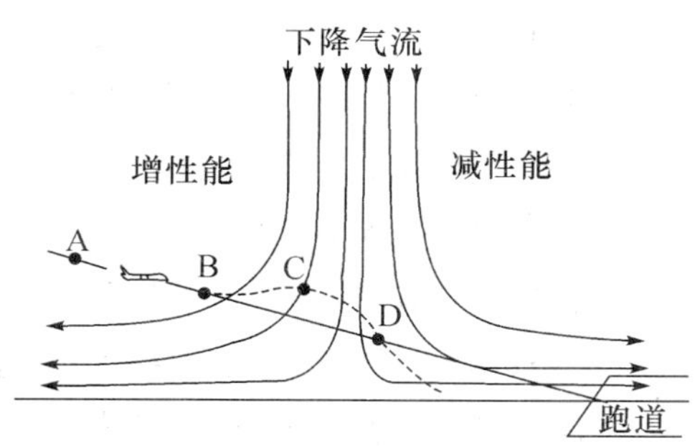

图2－7　低空风切变对飞行影响示意图

（3）低能见度。能见度是指具有正常视力的人，在当时的天气条件下，能够看清目标轮廓的最大距离。能见度的好坏直接影响飞行的起降。低云、降水、雾、风沙、吹雪、浮尘、烟、霾等天气对机场产生视程障碍现象。在日常飞行活动中的“机场关闭”“机场开放”，能见度是对其产生影响气象条件之一。

（二）影响航行的特殊天气和现象

飞机在航行中常常遇到颠簸、积冰、雷暴、大风等特殊天气和现象。它们常给飞行带来困难，甚至危及安全。常见的特殊天气和现象包括：

（1）雷暴。雷暴是一种强烈的对流性天气。雷暴出现时，多伴有雷电、暴雨、冰雹和大风。在雷暴中飞行时,云中强烈的乱流使飞机发生严重颠簸,甚至使飞机处于无法控制的状态;云中大量的过冷却水滴会使飞机发生积冰;闪电能严重干扰无线电通信,甚至烧坏仪器;冰雹可能击穿飞机蒙皮等。在一般情况下,应避免在雷暴区飞行。但夏季雷暴多,是不容易做到的。在云中飞行,遇到天气复杂多变,不仅要根据机载雷达来判断情况,同时要请求地面气象雷达进行协助配合。

(2)飞机颠簸。飞机颠簸是飞机进入扰动空气层后发生的左右摇晃、前后冲击、上下抛掷及机身震颤等现象。飞机颠簸使飞机各部承受的载荷发生变化,可能造成部件损害。颠簸发生时,常使仪表指示失常,难以靠仪表飞行。同时,飞机的颠簸会增大飞行阻力,增加燃料消耗,影响航程,并使机组人员与旅客感到困乏疲惫。飞机颠簸为扰动气流所致,扰动气流在不同的高度层都有可能发生。

(3)积冰。航行时,大气中的过冷水滴在飞机表面冻结成冰层的现象称为飞机积冰。飞机积冰多发生在飞机突出的迎风部位。积冰后,飞机的空气动力性能变坏,影响稳定性和操纵性。天线积冰将妨碍通信联系。座舱盖积冰使目视飞行发生困难。现代化大型客机均装有防冰设备,除少数恶劣情况下仍有积冰现象外,一般不会发生很大危险。

(4)高空急流。高空急流指高空中风速超过30米/秒的强、窄气流。高空急流的分布比较有规律。某些急流随季节的变化而南北移动。例如,我国的北支西风急流和南支西风急流,它们夏季北移,冬季南移。在我国南海地区上空还存在一条东风急流。在急流中,风的水平切变和垂直切变明显,容易使气流产生扰动,从而造成飞机颠簸。逆急流飞行时,速度降低,燃料消耗大。横穿急流时,将产生很大的偏流,对领航计算和保持航线不利。另一方面,如果掌握了高空急流的分布及其特点,则可利用急流,顺其飞行,增大速度,节省燃料,缩短航行时间。

(5)山地气流。气流过山时,因受阻被迫绕山和抬升,造成气流升降,越山后,往往又在背风坡产生乱流。由于山区地形和气候的复杂变化,还会产生动力乱流和热力乱流。飞机飞越山地时,在迎风坡,飞机受上升气流的抬举而自动升高,在背风坡则受下降气流影响自动下降。比较而言,背风坡对飞行更具有危害。在山区,飞机被迫下降时可能造成撞山事故,也可能被下降气流带入背风坡的涡旋中,使飞机难以操纵。此外,山地乱流也会对飞行造成较大影响。因此,在山地飞行时应尽量保持在安全高度之上。

自我检测

(1)请阐述自然、经济、人文地理对航空旅客运输的影响。

(2)请阐述我国七大航空区划,并指出其包括的省份。

(3)请阐述地球公转和自转对飞行的影响。

（4）请简述大气层的垂直分层，并描述飞机航行层的特征。

（5）请分别说出影响飞机起降的三种特殊天气及其对飞行的影响。

（6）请分别说出五种影响飞机航行的特殊天气和现象。

学习单元三　民航国内客票销售业务

学习目标

(1) 了解我国民航运价体系的形成及变迁。

(2) 掌握民航国内客票的基础知识及使用一般规定。

(3) 掌握民航特殊旅客的分类及其购票规定的相关知识。

(4) 掌握民航电子客票的基础知识。

(5) 掌握国内各航空公司的电子客票的退改签业务。

(6) 了解民航国内客票销售渠道。

学习内容

(1) 民航国内客票销售一般规定相关知识。

(2) 民航特殊旅客购票规定相关知识。

(3) 民航电子客票销售业务相关知识。

(4) 民航电子客票退改签业务相关知识。

(5) 民航国内客票销售渠道相关知识。

第一节　民航国内客票销售一般规定

一、我国民航运价体系概述

(一) 民航国内运价体系历史沿革

我国民航运价体系改革是民航市场化改革的最为重要的组成部分之一。民航运价体系改革从20世纪90年代启动,逐渐实现了由政府定价向政府指导定价的转变,运价体系改革的逐步推进,有力地促进了民航市场化改革的向前推进和行业的健康发展。

从新中国民航开航到1992年以前,由于当时民航的军事化属性,我国政府对民航国内运价实行严格的政府规制,国内航线旅客运价由国家物价局会同民航总局管理,管理的形式相对简单,实行政府定价。

进入20世纪90年代以后,我国整体处于由计划经济向市场经济的转轨期,随着国家价格改革进程的不断推进,国家分批分类逐步放开商品的定价。借鉴其他国家

民航运价的管理模式，我国政府对民航国内运价采取由政府定价逐步过渡到政府指导价的管理政策，逐渐放松对民航运价的管制。

1992 年，国务院召开关于研究民航运价管理体制改革问题的会议，确定公布票价及浮动幅度，航空邮件价格由国家物价局管理；折扣票价和省区内航线公布运价以及货运价格由民航总局管理。同时允许航空公司票价可以上下浮动 10%。

1996 年 3 月 1 日起至今，根据《中华人民共和国民用航空法》和《中华人民共和国价格法》，国内运价管理明确为以民航总局为主，会同原国家计委（现为国家发展和改革委员会）管理，管理形式为政府指导价。国内货物运价由民航总局统一管理。

1997 年 7 月 1 日起，我国实行境内和境外旅客乘坐国内航班同价政策。即境内、境外旅客在境内购票，统一执行每客公里 0.75 元的票价（称为 B 票价）；在境外购票统一按公布票价每客公里 0.94 元（后称为 A 票价）执行。同年 11 月，民航总局推出“一种票价、多种折扣”的政策。政府规定基础票价，允许航空公司在规定幅度内自行制定符合一定限制条件的特种票价。但由于亚洲金融危机等因素的影响，该政策的执行遇到了很多困难。经国务院批准，原国家计委、民航总局联合发文，决定自 1999 年 2 月 1 日起，规定各航空公司票价按国家公布价销售，不得滥用折扣。2000 年，国内航线推行收入联营，国内部分航线特种运价实行协商报批制，由共飞航空公司协商制订具体方案，报民航总局审批。自 5 月 15 日起，先期以海南联营航线为试点，实行旅游团队优惠票价；自 10 月 1 日起，放松对支线票价的管理，即对支线飞机所飞省（市、区）内航段票价、支线飞机独家经营的跨省（区、市）航段票价，实行最高限价管理，最高票价不得超过公布票价（A 票价）的 10%。限价内具体票价由航空公司自行确定，并报民航总局备案。除支线飞机所执行省（市、区）内航段以外，且由航空公司共同经营的航段票价，需经航空公司协商后，报民航总局审批。

2001 年，民航总局决定，自 3 月 6 日起，在北京—广州、北京—深圳等 7 条多家经营航线上试行多级票价体系；自 5 月 20 日起，在海南联营航线上也试行多级票价体系；自 11 月 5 日起，对国内航线实施“燃油加价”政策，允许航空公司票价最大上浮 15%，单程不超过 150 元。同时建立票价与油价联动机制，当国内航油价格变动 10% 时，允许航空公司票价最多可变动 3%。

2002 年，民航总局决定进一步完善国内航线团体票价政策，自 6 月 10 日起，对国内航线（港、澳航线除外）团体票价试行幅度管理，即团体票价最低折扣率可根据购票时限、航程性质、人数不同而有所区别。

（二）我国现行民航国内运价体系概述

我国现行的民航国内运价体系是自 2004 年 4 月 20 日，《民航国内航空运输价格改革方案》（简称《改革方案》）经国务院批准实施之后形成的。根据《改革方案》的规定，民航国内旅客运价，以当时航空运输企业在境内销售执行的各航线公布票价为基准价（平均每客公里 0.75 元），允许航空运输企业在上浮幅度不超过基准价的 25%、下浮幅度不超过基准价的 45% 的范围内，自行制定具体票价种类、水平、适用条件，提

前30天通过航空价格信息系统报民航总局、国家发展和改革委员会(简称发改委)备案,并对外公布后执行。同时,考虑到部分航线的实际情况,《改革方案》还规定,对三类特殊航线实行更加灵活的价格政策,包括:对省、自治区内及直辖市与相邻省、自治区、直辖市之间,已经与其他替代运输方式形成竞争的短途航线,实行市场调节价,不再规定票价浮动幅度;对由航空运输企业独家经营的航线,及部分以旅游客源为主的航线,票价下浮幅度不限,以适应消费者需求,鼓励航空运输企业积极开拓市场。

此次改革的核心是使运价能够较好地适应市场,扩大企业的价格自主权。完善政府指导价,实行幅度管理;企业有限浮动,制定具体价格。主要在以下几个方面要有明显变化:

(1) 解决价格比较单一的问题,企业在政府规定的浮动幅度内,建立多级票价体系,以适应多层次、多样化和不同航线、不同季节的市场需求,使更多的消费者可以选择乘坐飞机旅行。

(2) 大力减少行政审批,使企业面向市场,灵活自主地开展航空运输生产经营活动。

(3) 促进市场竞争,发挥优胜劣汰机制,促使企业降低生产经营成本,提高运输质量和效益,消费者从中得到实惠。

(4) 建立良好的航空运输市场秩序。在允许价格浮动的同时,必须实行明码实价,明折明扣。进一步明确价格监管的责任、措施和规定,使政府有关部门更加有效地做好市场监管工作。

2006年,一个标志性的新闻事件,从一个侧面反映了我国国内民航运价体系的现状。低成本航空公司春秋航空因在上海—济南航线售卖1元机票而受到济南市工商局依据价格法开出的15万元的罚单。单纯从法理上来看,春秋航空确实有违法制,但是此事最终不了了之。一方面不仅春秋航空出售超低价位机票,其他国有航空公司也有同样的情况,只是春秋航空的折扣更大,而且春秋航空的1元机票,侧重的是实际宣传效应,数量较少;另一方面,舆论对济南市工商局的压力最终导致春秋航空获得了空前的关注,此事件之后春秋航空退出了上海—济南的航线,至今仍未复航,对消费者、春秋航空和济南市来说,是三输的局面。

2009年4月20日,民航实行新的运价体系,这次运价调整引起了媒体的广泛关注。主要争论焦点在于运价调整后的运价计算方法,根据2004年《改革方案》的规定,民航国内旅客运价允许航空运输企业上浮幅度不超过基准价的25%、下浮幅度不超过基准价的45%。航空运输企业根据此规定,统一执行了先上浮、再打折并确定不同等级舱位的办法,即先在基准运价上浮25%得到新的"基准运价",然后根据市场情况,确定不同折扣舱位等级运价。

2010年4月13日,中国民航局联合国家发改委,共同发布了《民航局、国家发展改革委关于民航国内航线头等舱、公务舱票价有关问题的通知》(简称《通知》),《通知》规定,自2010年6月1日起,民航国内航线头等舱、公务舱票价实行市场调节价,

具体价格由各运输航空公司自行确定。价格种类、水平及适用条件(含头等舱和公务舱的座位数量、与经济舱的差异以及相匹配的设施设备和服务标准等),提前 30 日通过航空价格信息系统报民航局和国家发改委备案后,向社会公布执行。

(三) 我国国内民航运价体系展望

在国内民航市场化改革和国际民航天空开放的大背景下,民航运价体系改革还需要继续推进。

进一步扩大市场调节价航线范围,直至完全放开运价管制。由于航空公司的市场定位不同,机型、航线网络、人员、资金、服务水平等导致航空运输成本也不同,扩大市场调节价航线范围,航空公司可根据自身情况建立更具针对性的多级票价体系,最终满足广大消费者的个性化需求。

与此同时,由于我国航空公司多为国家所有,冒进式地放开价格管理,在市场景气谷底时,有可能会重演 20 世纪末的机票价格战,这对于航空运输业来说,是无法承受之重。一方面逐渐放开价格管制,另一方面避免引发价格战,是未来民航运价体系设计的主要目标,《反垄断法》和《价格法》在这个领域将起到越来越重要的作用。

二、国内客票及行李票识读

客票全称为客票及行李票(Passenger Ticket and Baggage Check),是指由承运人或航空运输销售代理人根据旅客所填的订座单而填开的有价票证。客票的法律属性为承运人和旅客之间的航空运输合同。

(一) 国内客票的分类

根据客票提供者的不同,通常把客票分为航空公司客票和 BSP 客票两种。根据客票质地的不同,通常把客票分为纸质客票和电子客票两种,相关知识介绍如下:

纸质客票分为手工客票和计算机自动打印客票两种,从来源上分,又可以分为航空公司本票和国际航协中性客票。纸质客票及行李票票面如图 3－1 所示,即为航空

ISSUED BY 中国南方航空公司 CHINA SOUTHERN AIRLINES
客票及行李票 PASSENGER TICKET AND BAGGAGE CHECK
旅客联 PASSENGER COUPON
ORIGIN / DESTINATION
DATE AND PLACE OF ISSUE
RESTRICTIONS/ENDORSEMENTS (CARBON)
BOOKING REFERENCE
NAME OF PASSENGER
NOT TRANSFERABLE
TOUR CODE
ISSUED IN EXCHANGE FOR
CONJUNCTION TICKET(S)

NOT GOOD FOR PASSAGE	CARRIER	FLIGHT	CLASS	DATE	DEPARTURE TIME	STATUS	FARE BASIS/TKT DESIGNATOR	ALLOW
FROM								
TO	BAGGAGE CHECKED		PCS				WT	

FARE CALCULATION
FARE
EQUIV FARE PD
SUBJECT TO CONDITIONS OF CONTRACT ON THE BACK OF PASSENGER COUPON
TAX
TOTAL
784　1056280487　3
DO NOT MARK OR STAMP IN WHITE AREA ABOVE
FORM OF PAYMENT
ORIGINAL ISSUE　DOCUMENT NUMBER　PLACE　DATE　AGENTS NUMERIC CODE

图 3－1　纸质客票及行李票票面示意图

公司本票。目前我国国内已经实行了百分之百的电子客票,航空纸质本票已经非常少见,只在某些特殊情况下使用,国际航协中性纸质客票已经停止使用。

电子客票是指由承运人或其授权代理人销售并赋予运输权利的以电子数据形式体现的有效运输凭证,是纸质客票的电子替代产品。

从销售渠道上分可将电子客票区分为以下两种类型:

(1) 计算机订座系统销售的电子客票。根据计算机订座系统的不同,计算机订座系统销售的电子客票又可分为以下两种类型:航空公司订座系统(ICS)电子客票和全球分销系统(GDS)电子客票。

(2) 互联网销售电子客票。根据使用对象的不同,互联网销售电子客票也可分为以下两种类型:B2B(Business To Business)电子客票和B2C(Business To Customer)电子客票。

(二) 纸质国内客票及行李票识读

1. "旅客姓名"栏

按旅客身份证件和"旅客订座单"上的全名填写,旅客姓名为英文时用英文大写字母填写,当姓为双姓,中间有空格或有连接符号时,应省去空格或符号。中国旅客按中文习惯填写姓名,如是外国旅客则先填写姓,然后划上一斜线"/",斜线之后填写名或名的字首及适当的称呼,例如先生(MR)、夫人(MRS)、小姐(MISS/MS)。

例:MR JOHN SMITH 应写成 SMITH/JOHN MR 或 SMITH/J MR。

MS NANCY TOMY - SMITH 应写成 TOMYSMITH/NANCY MS。

年满2周岁未满12周岁的儿童,在姓名后加上"CHD"。按成人全票价10%付费的婴儿在姓名后加上"INF(出生月年)",如INF(MAR06)。无成人陪伴儿童,应在姓名后注明(UM 年龄),如UM10。为其行李占用座位而付费的旅客,应在姓名后注明CBBG字样,并需单独填开一张客票。为其外交信袋占用座位而付费的旅客,应在其姓名后注明DIPL字样。为了舒适或其他目的而购买两个以上座位的旅客,应在其姓名后面注明EXST字样,如SMITH/J MR EXST;当额外占用的座位超过一个时,需要在EXST前加注额外占用的座位数,如张三2EXST。使用担架的旅客,应在其姓名后注明STCR字样。

2. "自~至~"(航程栏)

根据旅客航程将始发地点填入第一个"自"(FROM)栏内,然后按照旅客旅程顺序把到达地点的名称填入以下各"至"(TO)栏内。地名一律用汉字全名填写。

当一个城市有一个以上机场时,在填写城市名称后,再填写旅客乘机或到达的中文机场名。如客票填开完毕后,有多余的乘机联,应在多余乘机联的本栏内填写"VOID"字样,并将多余乘机联撕下,附在相应的财务联上,随销售日报一起上交财务部门。

3. "承运人"栏

填写各航段已经申请或订妥座位的承运人两字代码,参见表3-1。

表 3－1　国内客运航空公司信息汇总表（截至 2013 年已执行定期航班）

序号	公司中文名称/客服电话	公司英文名称	两字代码	数字结算码	公司标志/官网地址
1	中国国际航空股份有限公司/95583	Air China	CA	999	AIR CHINA 中国国际航空公司 www. airchina. com. cn
2	中国东方航空股份有限公司/95530	China Eastern Airlines	MU	781	中國東方航空 CHINA EASTERN www. ceair. com
3	上海航空股份有限公司/95530	Shanghai Airlines	FM	774	上海航空公司 SHANGHAI AIRLINES www. ceair. com/fm. html
4	中国南方航空股份有限公司/95539	China Southern Airlines	CZ	784	中国南方航空 CHINA SOUTHERN AIRLINES www. csair. com
5	山东航空股份有限公司/96777	Shandong Airlines	SC	324	山东航空公司 SHANDONG AIRLINES www. shandongair. com. cn
6	深圳航空责任有限公司/95080	Shenzhen Airlines	ZH	479	深圳航空 Shenzhen Airlines www. shenzhenair. com
7	四川航空股份有限公司/ 4008300999	Sichuan Airlines	3U	876	四川航空 SICHUAN AIRLINES www. scal. com. cn
8	厦门航空股份有限公司/95557	Xiamen Airlines	MF	731	厦门航空 XIAMENAIR www. xiamenair. cn

（续）

序号	公司中文名称/客服电话	公司英文名称	两字代码	数字结算码	公司标志/官网地址
9	海南航空股份有限公司/950712	Hainan Airlines	HU	880	www. hnair. com
10	成都航空有限公司/028－66668888	Chengdu Airlines	EU	811	www. chengduair. cc
11	上海吉祥航空有限公司/021－95520	Juneyao Airlines	HO	018	www. juneyaoair. com
12	华夏航空公司/4006066633	China Express	G5	987	www. chinaexpressair. com
13	奥凯航空有限公司/4000668866	Okay Airways	BK	866	www. bk. travelsky. com
14	河北航空有限公司/0311－96699	Hebei Airlines	NS	836	www. hbhk. com. cn
15	中国联合航空股份公司/95530	China United Airlines	KN	822	www. cu－air. com
16	北京首都航空有限公司/ 95071999	Capital Airlines	JD	898	www. jdair. net
17	幸福航空有限责任公司/400868000	Joyair	JR	929	www. joy－air. com

（续）

序号	公司中文名称/客服电话	公司英文名称	两字代码	数字结算码	公司标志/官网地址
18	昆明航空有限公司/400－88－76737	Kunming Airlines	KY	833	www. airkunming. com
19	西部航空有限责任公司/95071095	West Air	PN	847	www. chinawestair. com
20	西藏航空有限公司/4008089188	Tibet Airlines	TV	088	www. tibetairlines. com. cn
21	云南祥鹏航空有限责任公司/ 95071950	Lucky Air	8L	859	www. luckyair. net
22	天津航空有限责任公司/950710	Tianjin Airlines	GS	826	www. tianjin－air. com
23	浙江长龙航空有限公司/0571－89999999	ZheJiang Loong Airlines	GL	891	www. loongair. cn
24	东海航空有限公司/4000888666	Donghai Airlines	DZ	893	www. donghaiair. cn
25	青岛航空有限公司/0532－96630	Qingdao Airlines	QW	912	www. qdairlines. com
26	瑞丽航空有限公司/4000059999	Ruili Airlines	DR	299	www. rlair. net

（续）

序号	公司中文名称/客服电话	公司英文名称	两字代码	数字结算码	公司标志/官网地址
27	春秋航空有限责任公司/95524	Spring Airlines	9C	089	春秋航空 SPRING AIRLINES www.china-sss.com
28	大新华航空有限公司/950712	Grand China	CN	895	大新华航空 GRAND CHINA www.hnair.com
29	重庆航空有限责任公司/95539	Chongqing Airlines	OQ	878	重庆航空 CHONGQING AIRLINES www.flycq.com

4. “航班号”栏

填写已订妥或已申请座位的航班号。

5. “座位等级”栏

填写按旅客要求已订妥或已申请座位的舱位代码。

6. “日期”栏

填写乘机日期和月份，分别以两个阿拉伯数字表示，中间用“/”隔开，或用两个阿拉伯数字表示日期后跟英文月份的三字代码。

如：1 月 10 日表示为 10/01 或 10JAN。

7. “时间”栏

根据订座终端显示旅客所乘航班的离站时间填写，用 24 小时制表示，如：0800、1830。

8. “订座情况”栏

用下列代号填写出售客票时相关航段的订座情况：

OK：座位已订妥。

RQ：已经订座但未获得证实或列入候补。

NS（NO SEAT）：不单独占用座位的婴儿。

SA：利用空余座位。

如旅客所购客票包括不定期航段，应在订座记录各栏（包括“航班号”“日期”“时间”“订座情况”）内填写“OPEN”字样，“座位等级”栏填写适用的舱位代码。如有多余乘机联，应在订座记录各栏填写 VOID 字样。

9.“票价级别/客票类别”栏

本栏填写旅客所付票价类别的限定代号。经济舱儿童票价填写 YCH，经济舱婴儿票价填写 YIN。

10.“客票生效日期”和“有效截止日期”栏

当填开的客票有效期为一年，且不能与其他客票连用，或所填开的客票不是根据其他客票换开时，本栏不必填写。

当所使用的票价对最短停留时间和失效期有特殊限制时，本栏必须填写，按日、月的顺序填写生效或截止日期，如 05JAN、21JUL。

11.“免费行李额”栏

根据旅客所持客票的票价类别和座位等级分别填写规定的免费行李额，以千克(kg)计填。头等舱为 40 千克，公务舱为 30 千克①，高端经济舱、普通舱为 20 千克，如 40 千克、30 千克、20 千克；按相应舱位付儿童票价的未成年旅客，同成人享有相同的免费行李额。按成人票价 10% 付费的婴儿，无免费行李额但可免费托运一辆可折叠婴儿车。当然，不同航空公司在不同的航线上在不同时间段的免费行李额均有所差异。

12.“交运行李”“件数”和“重量”栏

旅客在办理乘机手续时，由值机人员填写交运行李的总件数和总重量。

13.“票价计算”栏

填写完整的票价计算过程。一联票不需填写此栏，二联票填写相应的直达票价或分段相加票价。

如：旅客购买了广州至上海、上海至北京的联程机票。其中第一段是南航的航班，票价为 1280 元；第二段是东航的航班，票价为 1130 元。在“票价计算”栏内应填写：

CAN CZ SHA1280.00Y MU PEK1130.00Y TOT2410.00END 或

CAN CZ SHA1280.00Y MU PEK1130.00Y CNY2410.00END

14.“票价”栏

填写一本或连续客票的全航程票价总额，金额前加“CNY”字样。

15.“实付等值货币”栏

以人民币支付，本栏可以不填；以旅费证(MCO)支付或根据预付票款(PTA)换开客票，填支付 MCO 或 PTA 的外币代码和按银行卖出价(BSR)将人民币票价折算成所付货币的金额。

16.“税款”栏

填写税款代码和实付的货币代码、总金额，本栏的货币代码应同“实付等值货币”

① 2010 年“两舱”价格改革之后，国内航空公司在调整两舱价格的同时，也对两舱免费行李额做了调整，调整标准不一，具体详见各航空公司网站。

栏相同,如“实付等值货币”栏空白,则与“总数”栏相同。

17.“总数”栏

填写实收票款、税款的货币代码和总金额;如换开客票需补收差额,本栏填写补收的货币代码和差额,后跟“A”字样,A 表示补收。

18.“付款方式”栏

根据付款方式填写本栏,以现金或旅行支票支付填 CASH,信用卡支付填 CC,支票支付填 CHEQUE,客票换开填 TKT,旅费证支付填 MCO,预付票款通知支付填 PTA。换开客票需补收差额时,填写原客票的付款方式和新的付款方式。如果的确填写不下,填后一个付款方式。

19.“连续客票”栏

当全航程需要使用几本客票时,必须选用联数相同、号码连续的客票。填开时,按号码顺序填开,并在每本客票的本栏内列明第一本客票的全部客票号码,然后按顺序加列其他所有客票号码中最后两个数字,每本客票的号码中间用斜线隔开。

例如:填开国航三本连续客票 999 - 1036098860,1036098861,1036098862,在本栏填写“999 - 1036098860/61/62”。

20.“换开凭证”栏

填写用来换开新客票的原客票、旅费证或预付票款通知等换开票证的号码(包括承运人的票证代号、票证序号,但不包括检查号)。

21.“原出票”栏

当客票根据原客票换开时,本栏按下列规定填写:应在所填开的新客票本栏内填入被换开客票的全部号码、地点和出票日期以及出售该客票的空运企业或代理人的数字代码。本栏所填写的内容也作为原出票人签转权力的证明。

如在原始票证的相同栏内已有填注,应将签注的内容转抄至新开客票的本栏内。

22.“签注”栏

填写使用整本客票或某一乘机联需要特别注意的事项:

(1)将客票的有关乘机联签转给其他承运人时,可在本栏按照签转规定加以注明,或使用签转图章。

(2)如客票不允许签转,需在本栏内填写“不得签转”字样。

(3)签注对客票使用者的限制规定。

(4)签注对客票有效期的延长。

(5)签注旅客使用优惠票价的旅行限制。

(6)签注航班的订座情况。

(7)团体旅客的免费行李额合并计算时,应在本栏注明“GV”代号,并在代号后面注明团体旅客的人数,如“GV16”,16 为团体旅客的人数。

(8)客票“签注”栏的背面没有复写油墨,签注的事项只适用于填写的乘机联,如涉及到全本客票,应当在各联的本栏内分别填注。

（9）填写批准享受特殊优待票价的文件或优待证明代号，如，“南航优 B0008”。

23.“出票日期及地点”栏

填写出票日期及地点，并由经手人在“出票人”栏内签字，加盖业务用章。盖章和签字必须清晰，易于辨认。未盖业务用章的客票一律视作无效。

24.“订座记录编号”栏

将旅客的订座记录编号填入本栏。

25.“旅游编号”栏

在填开个人或团体综合旅游票价的客票时，在本栏内填写综合旅游的正式编号，无编号可不填。

26.“填开单位”栏

印制或打印客票所属航空公司的全名称，包括中英文。

三、国内客票使用一般规定

国内客票使用，一般包括以下规定。

（一）订座一般规定

（1）所有开放航班都可以接受旅客预先订座，但应规定订座的出票时限。对优惠运价可以附有限制或排除旅客预先订座的条件，如机场取票、利用空余座位等。

（2）接受订座后班期时刻如有变更，应及时通知旅客或订座单位，并对继续旅行旅客的座位予以证实。

（3）对重要旅客[①]的订座，应优先安排。

（4）不定期客票在订妥座位后才能使用，否则按候补处理。

（5）对于非自愿改变航程的旅客，在航班有可利用座位的条件下，优先订座。

（6）当旅客没有按承运人规定使用已经订妥的座位，也未告知承运人有关部门时，承运人可以视情况取消旅客所有已经订妥的续程和回程座位。

（二）客票一般规定

（1）客票是航空公司和客票所列姓名的旅客之间运输合同的初步证据。

（2）客票为记名式，只限客票上所列姓名的旅客本人使用，不得转让和修改，否则客票无效，票款不退。

（3）持纸质客票的旅客，若未能出示根据航空公司规定填开的包括所乘航班的乘机联，及所有其他未使用的乘机联和旅客联的有效客票，则无权要求乘机。旅客出示残损纸质客票或非本航空公司或其销售代理人更改的客票，也无权要求乘机。当前纸质客票已经非常少见，在极少数情况下，航空公司可能会填开纸质客票给特殊的旅客。

（4）持电子客票的旅客应有一张以旅客的姓名及有效身份证件填开的有效电子

---

① 后文有关于重要旅客的叙述。

客票,否则无权乘机。

（5）客票的乘机联（纸质客票）必须按照客票上所列明的航程,从始发地点开始顺序使用。未按顺序使用的乘机联,航空公司将不予接受,电子客票虽然没有乘机联,但是也必须按照客票上所列明的航程,从始发地点开始顺序使用。

（6）旅客在我国境外购买的用于纯国内航空运输的国际客票,必须换开成国内客票后才能使用。含有国内航段的国际联程客票,其国内航段的乘机联可直接使用。

（7）每一个旅客,包括婴儿、儿童或团体旅客,都要单独持有一本客票。

（8）每一客票的乘机联必须列明舱位等级,订妥座位后方可接受运输。对未订妥座位的乘机联,航空公司或其销售代理人应按旅客的申请,根据适用的票价和所申请航班的座位可利用情况为旅客预订座位。

（9）当客票上列明的旅客不是该客票付款人时,应根据付款人要求在客票上的"签注"栏列明退票限制条件,如"退票款仅退给付款人或指定人"等。

（10）应在客票有效期①内,完成所列明的全部航程。

（三）票价一般规定

（1）客票价又称票价,是指旅客由始发地机场至目的地机场的航空运输价格,不包括机场与机场之间、机场与市区之间的地面运输费用。客票价按价格水平可分普通票价和优惠票价两大类。

（2）普通票价是指对外公布的、不受特殊条件限制的单人单程成人经济舱全额票价,以及按照各舱位等级票价的一定百分比计算的头等舱、公务舱、儿童和婴儿票价。

（3）优惠票价是指不属于普通票价的其他票价。

（4）国内航空公司公布的票价,以单个成人旅客为对象,适用于直达运输。如旅客要求经停或转乘其他承运人航班或交通工具时,除航空公司另有规定外,应按实际航程分段相加计算票价。

（5）适用票价为旅客开始乘机之日适用的票价。客票售出后,如票价调整,票款不作变动。若旅客要求退还差价,处理时应先按自愿退票处理,然后另按新票价重新购票。退票时根据退票的有关规定收取退票手续费。

（6）使用优惠票价的旅客,应遵守该优惠票价规定的条件。

（7）旅客应使用人民币交付票款和费用,除与承运人另有协议外,票款一律现付。

（8）票价以人民币 10 元为计算单位,承运人收取或支付的其他任何费用以人民币 1 元为计算单位,尾数一律四舍五入。

（9）政府、有关当局或机场经营者、承运人因向旅客提供服务设施而征收的税款或费用包括在适用票价之内,由承运人代为收取。国内运输涉及机场建设基金和燃油附加费。机场建设基金根据干线运输和支线运输不同分别为人民币 50 元和免费,

① 客票有效指普通票价的客票自旅客开始第一段旅行之日起,一年内运输有效。第一航段未使用（包括全部未使用）的客票或不定期客票（OPEN 票）,自客票填开之日起,一年内运输有效。如果已使用的定期客票第一航段旅行日期发生变更,有效期应按第一段的旅行实际开始日期计算,一年内运输有效。

燃油附加费根据国际原油价格定期变化。

（四）售票一般规定

（1）纸质客票售票人员应凭“票证领取单”领取空白票证，与财务人员当面点清数量，核对票证号码、数量无误后，双方签字，领取的票证须妥善保管，每日清点并做好交接工作。如有遗失，应及时上报。

（2）ICS① 电子客票售票人员应每日检查使用虚拟打票机的当前库存票量。如发现库存票量不足当日销售时，提前凭“领取票证单”，经部门领导审批签字后，向财务部门领取 ICS 电子客票票号。

（3）BSP② 电子客票售票人员应向国际航协（Air Service Desle，ASD）申请票号，在国际航协网站 www. iata－asd. com 的 BSP 相关文件及表格中下载“BSP 电子客票用量申请表”。

（4）售票人员应告知旅客需提供与乘机有效身份证件信息一致的旅客姓名及身份证件信息，认真核实旅客的有效身份证件和所填的购票单，内容相互一致后，方可进行订座。旅客订座记录中的旅客姓名及身份证件信息应准确无误。

（5）对购买优惠票价的旅客，售票人员应特别提醒旅客该类优惠票价客票的适用条件及限制。

（6）按照旅客购票单上要求的航程、航班、乘机日期、舱位，建立完整的 PNR③，将订座记录编号 PNR 和其他内容填入购票单。如为重要旅客、特殊旅客订座，须在 PNR 内用 OSI 注明旅客的身份，用 SSR 注明所要求的特殊服务。

（7）按照旅客订座记录的内容填开或打印客票。手工填开客票要求字迹清晰、内容完整、代号规范。按客票号的顺序使用客票，填开客票后，将客票号码填入旅客购票单“客票号码”栏内。

（8）纸质客票应将已填好或已打印好的客票会计联、出票人联及作废的乘机联撕下。将纸质客票的会计联、作废乘机联、填制或打印的销售日报和票款一并交给财务人员核查。

（9）电子客票应根据旅客的需要，打印行程单交给旅客。

（10）将客票交旅客时，应提醒旅客核实客票上填开的内容，如旅客姓名、航程、航班、乘机日期、时间等是否有误，以及客票的使用限制条件。

（11）提示旅客搭乘的航班起飞时间、截止办理乘机手续的时间等，以免造成旅客误机。对购买了电子客票并打印了行程单的旅客，应告知旅客妥善保管，以便在发生退票时，凭此办理相关手续。

---

① ICS：航空公司本票电子客票。

② BSP：（Billing and Settlement Plan）即开账与结算计划，是根据航空运输销售代理业发展的需要，由国际航空运输协会（IATA）建立的一套高效、可靠、统一、规范的专业化销售结算系统。其基本含义是使用统一规格的运输凭证进行销售。按照统一标准的计算机程序填制销售报告。BSP 电子客票即中性电子客票。

③ PNR（Passenger Name Record）：旅客订座记录，反映了旅客的航程、航班座位占用的数量及旅客信息。

（五）客票变更与签转一般规定

（1）旅客购票后，如要改变航班、日期，应按照现行承运人关于其客票的适用条件及优惠票价使用相关规定办理。

（2）旅客购票后，如要求改变舱位等级或运价发生变化，在航班有可利用座位和时间允许的情况下，予以办理，如从较低等级舱位变更至较高等级舱位或从较低运价改为较高运价，需向旅客收取票价价差。

（3）旅客购票后要求从较高等级舱位变更至较低等级舱位或从较高运价改为较低运价，应先将原票按自愿退票规定办理，再按变更后的舱位或运价重新购票。

（4）旅客购票后欲改变航程或乘机人，原票均按自愿退票规定办理退票，根据新航程或新乘机人姓名重新购票。

（5）承运人满足下列条件之一才有权将客票签转给其他承运人：

① 该承运人是填开客票的承运人。

② 该承运人是在要求签转的乘机联“承运人”栏中指定的承运人。

③ 该承运人是机票“原出票(ORIGINAL ISSUE)”栏中注明的原始出票承运人。

（6）旅客自愿要求变更承运人，在符合下列全部条件下予以签转：

① 旅客使用的票价无签转限制。应检查客票签注栏是否注明“不得签转”“NONEND”(或NON-ENDORSABLE)、“VALID ON ××(承运人两字代码)”或“不得更改”等有关签转的限制。如有上面所述的限制，不能办理自愿签转。如在特殊情况下需要办理签转，必须取得有权签转客票的承运人的书面传真或电报授权后方可为旅客办理签转。

② 旅客要求变更的承运人与原承运人签有联运协议，可以相互填开或接收票证。

（7）旅客非自愿改变承运人，在征得有关承运人的同意后，办理签转手续。

（8）有权办理签转手续的部门：

① 承运人直属售票处和地面服务值机部门。

② 承运人特别授权的销售代理和地面服务代理。

（六）退票一般规定

（1）由于承运人未能按照运输合同提供运输或旅客要求自愿改变其旅行安排，对旅客未能使用的全部或部分客票，承运人应按规定办理退票。

（2）旅客要求退票，应在开始旅行之日起(客票第一航段未使用的，从填开之日起)有效期内提出且客票未被使用时，方可办理。

（3）持有纸质客票的旅客，除遗失客票的情形外，必须凭客票未使用的全部乘机联和旅客联，方可办理退票。

（4）已打印行程单的旅客，必须凭行程单办理退票。行程单遗失后要求退票的，承运人对该行程单执行作废操作，乘客填写“航空运输电子客票行程单遗失声明”作为“国内客运退票、变更收费单”的附件，方可进行退票。

（5）承运人向客票上列明姓名的旅客本人办理退票。当客票上列明的旅客不是

该客票的付款人，并且客票上已列明了退票限制条件，应按列明的退票限制条件将票款退给付款人或其指定人。

（6）旅客退票应出示本人有效身份证件；如退票收款人不是客票上列明的旅客本人，应出示旅客及退票收款人的有效身份证件。

（7）旅客非自愿退票，可在原购票地、航班始发地、经停地、终止旅行地的承运人售票处或引起非自愿退票事件发生地的承运人授权销售代理人售票处办理。

（8）旅客自愿退票，应在下列地点办理：

① 在出票地要求退票，只限在原购票地点办理。

② 在出票地以外要求退票，可由当地的承运人直属售票处或经承运人特别授权代理办理，特殊产品客票如另有退票地限制规定的除外。

③ 持不定期客票和团体票价客票旅客自愿退票，仅限在原购票地点办理。持优惠票价客票的旅客按该优惠票价的限制办理退款。

（9）旅客在国外购得的纯国内段机票，旅客要求退票时：

① 在换开成国内客票前，如旅客要求退票，须在原出票地点办理退款；但旅客在承运人驻外办事处购得的纯国内段机票，也可在承运人国内售票处申请人民币退票，如旅客要求以原付货币退款时，则由原出票地退款。

② 在换开成国内客票后，客票全部或部分未使用，要求在国内退票时，旅客在承运人驻外办事处购得的纯国内段机票，可在承运人国内售票处申请退票。

③ 外航在境外填开的纯国内段机票，可在原换开地点办理人民币退款，如要求以原付货币退款，填开用于退款的 MCO 给旅客回原出票地点办理退款。

第二节　民航特殊旅客购票规定

一、民航特殊旅客概述

民航特殊旅客是指在民航运输过程中需给予特殊礼遇或由于其身体和精神状况需要给予特殊照料，或在一定条件下才能运输的旅客。民航特殊旅客的情况比较复杂，不可能把所有运输的条件、手续和注意事项一一列举，但是如果处理稍有疏忽，极易造成不良影响或损害其他旅客，甚至会危及飞机安全。各有关部门在办理民航特殊旅客运输时，必须认真负责地按照各有关章节规定，根据具体情况谨慎、细致地处理。

关于民航特殊旅客的运输办法，一般由各空运企业自行制定规定。因此，凡是接受需要与其他空运企业联运的特殊旅客，必须事先取得各有关承运人的同意，并遵照各空运企业提出的要求办理。有权利办理民航特殊旅客购票的一般是承运人的直属售票处或其授权代理人。

旅客的行为、年龄、身体和精神状况不适合航空旅行，或使其他旅客感到不舒适或反感，或对其自身、其他人员、财产可能造成任何危险或伤害的，承运人可以根据自己合理的判断,拒绝运输这类旅客及其行李。

特殊旅客从大的范畴上分,可以分为以下三大类。

(一) 重要旅客

重要旅客主要包括:省、部级(含副职)以上的负责人;各大军区级(含副职)以上的负责人;公使、大使级外交使节;由各部、委以上单位或我驻外使、领馆提出要求按重要旅客接待的客人;航空公司认为需要给予此种礼遇的旅客,包括航空公司所在城市的副市长以上负责人。航空公司各分公司或营业部可根据实际情况确定需要给予此种礼遇的旅客等。

(二) 限制运输旅客

病残旅客、婴儿及有成人陪伴儿童、无成人陪伴儿童/无成人陪伴青少年、孕妇、盲人、聋人、醉酒旅客、特殊老年旅客、犯罪嫌疑人等特殊旅客,必须在订座时提出申请,只有在符合承运人规定的条件下,经承运人预先同意并在必要时做出安排后方可接受乘机。

由于特殊旅客需要特殊的照顾和服务,可能会影响对同一航班的其他旅客服务,因此每一航班对接收的各类特殊旅客(除重要旅客外)应有数量限制。对特殊旅客接收人数的控制由航班的座位控制部门负责。

(三) 拒绝运输旅客

最近几年以来,因为航空公司拒载导致的危机事件层出不穷。航空公司出于安全原因或根据自己合理的判断,认为属下列情形之一时,有权拒绝运输旅客及其行李:

(1) 国家的有关法律、政策规定和命令禁止运输的;

(2) 旅客不遵守国家的法律、政策规定和命令或不遵守公司的规定;

(3) 旅客拒绝接受政府、机场和公司的安全检查;

(4) 旅客未能出示国家的法律、政策规定、命令、要求或旅行条件所要求的有效证件;

(5) 旅客拒绝遵守机组成员或经授权的公司工作人员发出的、执行公司制定的出口座位限制的指示;

(6) 不听从机组人员指挥;

(7) 由于身体残疾,适合于该人残障的唯一座位是出口座位;

(8) 属于因为天气或其他公司不能控制的原因,必须采取的行动;

(9) 旅客未支付适用的票价、费用和税款或未承兑其与公司或有关承运人之间的信用付款;

(10) 旅客出示的客票是非法获得或不是在出票承运人或其销售代理人处购买的,或属挂失、被盗窃、伪造,或不是由承运人或其销售代理人更改的乘机联或乘机联被涂改;

(11) 出示客票的人不能证明本人即是客票上“旅客姓名”栏内列明的人;

（12）怀孕超过9个月(36周)的孕妇；

（13）未满14天的新生儿；

（14）旅客的行为、年龄、精神或身体状况不适合航空旅行，或使其他旅客不舒适或反感，或对其自身或其他人员或财产可能造成任何危险或危害；

（15）已知患严重的传染性疾病，且无法出具其已采取必要的预防措施防止传染他人的医疗证明；

（16）承运人认为，该旅客的身体或精神条件有可能使其在没有乘务员的帮助下，无法理解或执行安全指示；

（17）心智不健全，其行为可能对自身、机组成员或其他旅客造成危险；

（18）有醉酒或吸毒迹象者；

（19）是或像是中毒者；

（20）要求静脉注射者；

（21）有非因残疾或疾病发出的异味；

（22）穿着打扮可能令其他旅客感到不适；

（23）不符合旅客运输安全规定的担架旅客；

（24）旅客可能在过境国寻求入境，或可能在飞行中销毁其证件，或者旅客不按承运人要求将旅行证件或该证件的复印件交由机组保存；

（25）不管是否有意，做出可能危及飞机或机上乘客安全的任何行为。

二、民航特殊旅客购票规定

（一）重要旅客购票规定

1. 重要旅客分类

最重要旅客(Very Very Important Person，代号VVIP)，通常是指：中共中央总书记、中央政治局常委、委员、候补委员；国家主席、国家副主席；全国人大委员长、副委员长；国务院总理、副总理、国务委员；全国政协主席、副主席；中央军委主席、副主席；最高人民检查院检查长、最高人民法院院长；国家元首、政府首脑、议会议长及副议长、联合国秘书长。

一般重要旅客(Very Important Person，代号VIP)，通常是指：省部级(含副职)党政负责人、在职军级少将(含)以上军队领导；国家武警、公安、消防部队主要领导；港、澳特别行政区政府首席执行领导；外国政府部长(含副职)、国际组织(包括联合国、国际民航组织)的领导、外国大使和公使级外交使节；由省部级(含)以上单位或我国驻外使领馆提出要求按VIP接待的客人；著名科学家、中国科学院院士、社会活动家、社会上具有重要影响的人士。

工商界重要旅客(Commercially Important Person，代号CIP)，通常是指：工商业、经济和金融界等重要、有影响的人士；重要的旅游业领导人；国际空运企业组织、重要的空运企业负责人等。

2. 重要旅客的订座和售票

（1）辨明要客身份。凭工作证或军官证辨明重要旅客身份，职务与级别有差异时，以比较高身份者为准。

（2）订座要求。详细问清职务、级别和所需提供的特殊服务，在有关订座记录中注明，并做好保密工作。重要旅客及随从人员在同一售票处办理。VIP 及随从人员的订座情况一定为“OK”状态，VIP 的职务、级别及随行人员的相关情况要在 OSI 项中注明。

（3）出票要求。除按规定建立电子客票或打印客票外，在重要旅客的姓名后加注“VIP”字样，客票内所填项目应与订座记录逐一核对，并交值班主任检查，确保航班号、日期、起飞时间正确无误。

3. 重要旅客运输信息传递

（1）重要旅客的购票手续办理完毕后，在重要旅客的订座记录中用 OSI 项注明重要旅客身份，通常座位控制部门要在航班起飞前一天下午四时（各航空公司有各自的规定时间）前将重要旅客的姓名、职务、随行人数、乘机日期、航班、起飞时间、订座舱位、PNR 编码、目的地、特殊服务要求和需要的特殊设备等用传真或拍发电报通知公司的航班生产调度、运行管理部门和始发站当地航班运行管理部门。

（2）如旅客的身份要求保密或身份不明，则在职务项注明“旅客身份保密”或“身份不明”。发完通知后，应与收文单位电话联系；在确认对方已收到通知后，将对方的电话、受话人和收到的时间记录在传真或电报上。

（3）重要旅客取消旅行或变更航班、日期，办理变更的售票部门或重要旅客上机地点的运输业务部门应及时在计算机订座系统中取消或变更有关订座，或拍发变更电报通知有关航站的运输业务部门。

（4）航空公司的航班生产调度、运行管理部门在接到售票部门报告的重要旅客情况后，要逐项做好记录，并编制次日航班重要旅客乘机名单，报送管理局、航空公司、机场值班领导和有关部门。临时收到重要旅客信息应及时补充通知。

4. 重要旅客服务保障要求

（1）重要旅客航班的载运限制。重要旅客乘坐的航班上严禁押送犯人；严禁接收重病号或担架旅客。在接收婴儿、儿童及无成人陪伴的儿童时，应严格按规定办理，座位不得超售。通知货运部门，禁止在该航班上装载危险物品，原则上优先安排重要旅客运输。通常安排旅客在贵宾厅休息等待登机（参见图 3－2）。

（2）重要旅客乘机手续的办理。重要旅客及其随行人员的乘机手续在头等舱柜台（参见图 3－3）办理。办理乘机手续的时间，按一般旅客的要求，如重要旅客未按指定时间到达机场，将信息及时反馈到航班控制部门。对于重要旅客随行人员的认定，以所获得的重要旅客信息为准。重要旅客办理乘机手续时，应为重要旅客本人和持头等舱客票的随行人员填发“头等舱服务卡”。在旅客舱单上填写重要旅客姓名后，需在舱单备注栏内注明“VIP”字样。

图 3-2 中国南方航空公司贵宾厅

图 3-3 中国南方航空公司 VIP 值机柜台

(3) 引导重要旅客登机。重要旅客登机时，提供相应的引导服务。在航班起飞前，准确填写“特殊服务通知单”，主动向机组交待重要旅客的身份和要求的特别服务事项。

(4) 重要旅客服务电报的拍发。航空公司始发站的值机部门在航班起飞后，应及时拍发 VIP 电报，通知有关中途站和到达站的相关要客服务部门，要客服务部门再通知机场各有关单位领导和各有关业务部门。

(5) 重要旅客进港服务。重要旅客服务部门应及时了解重要旅客信息，掌握航班的进港动态，做好服务准备。在飞机到达前 1 小时，重要旅客服务部门将航班信息通知接待单位；在飞机到达前 10 分钟，将接待人员引导至停机位。重要旅客到达后，引导重要旅客下机。行李部门应立即按照重要旅客行李到达信息卸机，无信息时，应优先卸下机上带有“VIP”字样标志和头等舱旅客的行李。

(6) 航班不正常时，应及时将航班延误的情况电告各有关经停站和到达站要客服务部门，要客服务部门应及时报告有关领导、部门和接待单位。

（二）病残旅客购票规定

1. 病残旅客分类

病残旅客是指由于存在身体或精神的缺陷或疾病，自理能力不足，其行动需要他人帮助照料的旅客。如果是一名年事甚高且自理能力不足的旅客，即使该旅客没有疾病，也应作为该类特殊旅客处理，给予特殊服务。

通常而言，身体患病、精神病患者（代号 MEDA）、肢体伤残、失明旅客（代号 BLND）、担架旅客（代号 STCR）、轮椅旅客和需使用机上氧气设备的旅客等都属于病残旅客。其中需要轮椅的病人或伤残旅客依据保障程度可划分为以下三类：

（1）客舱轮椅旅客（代号 WCHC），此类旅客尽管能在座位上就坐，但完全不能动弹；并且前往/离开飞机或移动式休息室时需要轮椅，在上下客梯和进出客舱座位时需要背扶。此类旅客的服务起止于客舱座位。

（2）客梯轮椅旅客（代号 WCHS），此类旅客可以自己进出客舱座位，但上下客梯时需要背扶，远距离前往/离开飞机或移动式休息室时需要轮椅（参见图 3－4）。此类旅客的服务起止于客梯。

（3）停机坪轮椅旅客（代号 WCHR），此类旅客能够自行上下客梯，并且在机舱内可以自己走到自己的座位上去。但远距离前往或离开飞机时，如穿越停机坪、站台或前往休息室，需要轮椅。此类旅客的服务起止于客机停机坪。

图 3－4　客梯轮椅旅客服务

2. 病残旅客乘机条件

一般情况下，国内承运人接受病残旅客的条件如下。

1）医疗证明或诊断证明书

医疗证明或诊断证明书一式三份：医疗证明或诊断证明书需由县、市级或相当于这一级的医疗单位填写旅客的病情及诊断结果，并经医生签字、医疗单位盖章。如需使用机上氧气瓶，还需注明旅客所需氧气的流量。

医疗证明或诊断证明书必须包括防止该疾病或传染病扩散所必须遵守的条件，且是在航班起飞前 96 小时以内填开的方为有效，病情严重的，则应在航班起飞前 48 小时之内填开。

2）特殊旅客（病残）乘机申请书

病残旅客需填写“特殊（病残）旅客乘机申请书”一式三份，以表明如果旅客在旅途中病情加重、死亡或给其他人造成伤害时，由申请人承担全部责任。

“特殊旅客（病残）乘机申请书”应由旅客本人签字，如本人书写困难，也可由其家属或监护人代签。

3. 病残旅客售票

为病残旅客填开客票前，应检验旅客的“医疗证明或诊断证明书”是否齐备、有效。客票填开后，“医疗证明或诊断证明书”（参见图3－5）和“乘机申请书”（参见图3－6）应附在客票各有关票联上。

诊断证明书

1. 旅客姓名：________________ 2. 年龄：______ 3. 性别：______

4. 住址（或工作单位）：________________ 5. 电话：______

6. 航程：航班号CZ__________日期____月____日 自____至____

联程：航班号__________日期____月____日 自____至____

7. 论断结果：________________

8. 症状、程度、予后（如系孕妇注明预产期）：________________

[注]（1）上述第7、8两项内容填写，需简单、明确。

（2）下述表格中提供的内容，供机上服务员在飞行途中为病残旅客提供必要的服务时作为参考。

程度 症状	无	轻度	中等	严重	备注
贫血					
呼吸困难					
疼痛					
血压					

9. 附注：（如有膀胱、直肠障碍或在飞行中需特殊餐食及药物医处理情况等，请予以列明）

____

10. 需要何种乘坐姿态（将下列适用的项目用圈圈起）：

乘坐姿态		1. 使用机上一般座椅　　2. 使用机上担架设备
陪伴人员		院生　护士　其他人员（具体列明）　不需要
上下飞机时	轮椅	要　不要
	担架	要　不要
救护车		要　不要

已参阅背面的参考资料，我院诊断认为：该旅客的健康条件在医学上能够适应上述航程旅行的要求，无传染疾病，无生命危险，也不造成对其他旅客的不良影响。

医师________________ 电话________________

签字　　　　医疗单位（盖章）

年　月　日

经办人姓名：

图3－5　医疗诊断证明书范例

中国南方航空公司
特殊旅客( )乘机申请书

中国南方航空公司____________售票服务处

为乘坐中国南方航空公司下列航班，我愿声明如下：鉴于我个人的健康状况，在旅途中由此给本人或其他人造成身体上的损害或死亡，完全由我个人承担责任及损失，并保证不向中国南方航空公司及所属工作人员或代理人要求赔偿或提出诉讼。

<table>
<tr><td colspan="6">旅客姓名：</td></tr>
<tr><td colspan="6">住址（或单位名称）：</td></tr>
<tr><td>航班号/日期</td><td>始发站</td><td></td><td>到达站</td><td></td></tr>
</table>

健康状况：
(附诊断证明书/医生证明)

另注：为确保旅客安全运输，旅客到达机场后需接受工作人员的检查，视其实际身体状况，我公司保留旅客到达机场后拒绝其登机的权利。

旅客签字：____________
年　月　日

图 3-6　特殊旅客乘机申请书范例

"医疗证明或诊断证明书"：

一份附在出票人联上，由售票部门保存；

一份附在乘机联上，交机场值机部门；

一份附在旅客联上，交旅客留存。

同时在客票各联的"签注/限制"栏内注明："MEDICAL CERTIFICATE ATTACHED TO THE TICKET COVER"。

"乘机申请书":

一份附在出票人联上,由出票部门留存;

一份附在乘机联上,交机场值机部门;

一份附在旅客联上,交旅客留存。

对于购买电子客票的旅客,"医疗证明或诊断证明书"和"乘机申请书"由出票部门各留存一份,其余交付给旅客,并告知旅客在办理乘机手续时交机场值机部门。

病残旅客的票价,除担架旅客按经济舱普通票价计算外,其他旅客可使用优惠票价。

4. 病残旅客的运输人数限制

由于病残旅客需要特殊的服务和照顾,所以每一个航班载运此类旅客的数量应有限制,以免影响对其他旅客的服务。每一航班对没有陪伴人员、但需要他人协助的残疾旅客数量有一定限制(残疾人运动会等特殊期间除外)(参见表3-2)。

表3-2　航班病残旅客人数限制

航班座位数量	限制人数	航班座位数量	限制人数
51~100	≤2	101~200	≤4
201~400	≤6	400以上	≤8

载运残疾人数超过上述规定时,应按1:1的比例增加陪伴人员,但残疾人数最多不得超过上述规定的一倍。除特别批准外,原则上每一航班只限载运1名担架旅客,担架旅客在乘机时应至少有一名医护人员或家属陪同。如果航班上接收了担架旅客,则不再接收其他病残旅客。载运残疾人团体时,在按照5:1的比例增加陪伴人员,按照10:1的比例增加客舱乘务员配置的前提下,可以增加残疾人的乘机数量。由于残疾人团体乘机数量增加对客舱乘务员的人数配置有相应要求,因此地面服务保障部门在收运残疾人团体时,须报经运行控制部门核实。

(三) 担架旅客购票规定

担架旅客属于病残旅客范畴,但是由于其特殊性,航空公司在运输时都有特别的规定。

(1) 担架旅客的订座不得迟于航班起飞前72小时。特殊情况下,在航班起飞前72小时内的担架旅客的申请,在航班运行管理部门答复可安排的情况下,方可接收。

(2) 接受担架旅客订座时,航空公司工作人员一般应先向航班运行管理部门询问担任旅客所申请航班任务的飞机能否拆座,未得到肯定答复时,不能对旅客做出任何承诺。

(3) 担架旅客必须至少由一名医生或护理人员陪同旅行。经医生证明,病人在

旅行途中不需要医务护理时，也可由其家属或监护人员陪同旅行。

（4）担架旅客只能安排乘坐在经济舱载运，安置担架附近的空余座位，如前一排或相邻一列座位，一般不再售票。关于担架占用的座位数额（包括陪伴人员）及在机舱内的位置，应与始发站生产调度或航班运行管理部门联系。座位控制部门在为担架旅客证实或取消订座时，应及时锁定或释放机上的相邻座位数。

（5）适用票价规定。担架旅客的票价，由担架旅客的个人票价和担架附加票价两个部分组成。个人票价：按一个经济舱的公布普通票价计收，不得使用优惠票价或折扣票价（儿童折扣除外）。担架附加票价：不论安放担架需占用的座位数额多少，均按下列办法计收，即对旅客使用担架的航段，加收五个成人单程经济舱普通票价（不另加收税费）。如旅客取消旅行，担架附加票价全退。陪伴人员票价根据实际乘坐的座位等级适用票价计收。担架旅客的免费行李额为120千克，陪伴人员的免费行李额则按所付票价的座位等级计算。

（四）盲人旅客购票规定

盲人旅客属于病残旅客范畴。年满18周岁且有民事行为能力的成人旅客陪伴同行的盲人旅客可以按普通旅客接收。无成人陪伴的盲人旅客可以分为两种：

1. 有导盲犬引路的盲人旅客

（1）盲人旅客携带导盲犬，必须在申请订座时提出，经承运人同意后，方可携带。如为联程运输，应取得有关承运人的同意后方可接受。

（2）符合运输条件的导盲犬可以由盲人旅客免费携带并带入客舱运输，或单独装进货舱运输。

（3）旅客必须自己能走动，有照料自己的能力，在进食时，无需他人帮助。

（4）盲人旅客携带导盲犬应提供有关国家的动物入境或过境证明以及必要的检疫证明。盲人旅客在申请订座时，应向承运人出示此种证明。

（5）导盲犬在运输途中受伤、生病、死亡，均由盲人旅客自行负责。

（6）盲人旅客在客舱内携带的导盲犬需在上机前戴上口套及牵引的绳索，并应伏在盲人旅客的脚边，不得在客舱内占用座位和任意跑动。

（7）在飞机飞行中，除可给导盲犬少量饮水外，禁止喂食。如航程较长，需要在中途喂食，应在经停站地面饲喂。饲喂的食物需由盲人旅客自备。

（8）每一航班的客舱内只能装运一只导盲犬。盲人旅客携带的导盲犬如需放在货舱内运输，其包装要求等应按《货物运输手册》的规定办理。

2. 无成人陪伴和无导盲犬引路的盲人旅客

（1）无成人陪伴和无导盲犬引路的盲人旅客必须自己能够走动，有照料自己的能力，在进食时，不需要其他人的帮助。

（2）无陪伴的盲人旅客乘机，在始发站应由家属或其照料人协助办理乘机手续；在到达站，应由盲人旅客的家属或其照料人在到达地点予以迎接。

（3）订座时，应由无陪伴的盲人旅客家属或其照料人填写一式两份特殊（无陪伴

的盲人)旅客乘机申请书。

(4) 在联程运输时,应征得各有关承运人的同意。

(五) 无成人陪伴儿童购票规定

无成人陪伴儿童(代码 UM)是指年满五周岁但未满十二周岁的,没有年满 18 周岁且有民事行为能力的成年旅客陪伴乘机的儿童,必须办理无成人陪伴儿童运输的相关手续,航空公司方可接受运输,且多数航空公司只接收直达航班的无成人陪伴儿童运输。年龄在五周岁以下的无成人陪伴的儿童,一般不予承运。

1. 无成人陪伴儿童乘机条件

无成人陪伴儿童应由儿童的父母或监护人陪送到乘机地点,并在儿童的下机地点安排人予以迎接和照料,并提供接送人姓名、地址和联系电话号码。

无成人陪伴儿童的承运必须在订座时预先向始发站承运人的售票部门提出,其座位必须根据承运人的相关承运规定得到确认。

航空公司一般仅接受不换机情况下的无成人陪伴儿童的运输。运输的全航程包括两个或两个以上航段时,不论是由同一个承运人或由不同的承运人承运,在航班经停站,应由儿童的父母或监护人安排人员予以接送和照料,并应提供接送人的姓名、联系地址和电话。

儿童的父母或监护人,在上述航班衔接站安排人接送有困难,而要求由承运人或当地雇请服务人员照料儿童时,应预先提出并经航空公司同意后,方可接受运输。

儿童父母或监护人应向承运人提供在航班到达站安排的接送人姓名、联系地址、电话,售票人员应向接送人核实后方可接受。

2. 无成人陪伴儿童售票规定

(1) 无成人陪伴儿童售票的权限一般在承运人的直属营业部,一般代理人无此权限。无成人陪伴儿童的运输应预先提出申请。当售票或订座部门接到无成人陪伴儿童的订座申请时,应请儿童的父母或监护人填写一式两份的“无成人陪伴儿童乘机申请书”(参见图 3 -7)。各航班对无成人陪伴儿童申请订座或购票的人数由该航班的控制部门负责监控和管理。无成人陪伴儿童需另派服务员随机陪伴时,应由座位控制部门预留座位。

(2) 五周岁(含)以上至 12 周岁以下的无成人陪伴儿童,票价按相应的儿童票价计收。无成人陪伴儿童的父母或监护人,如要求承运人另派服务员随机陪伴儿童旅行,应预先提出,经承运人同意后,方能接受。如需另派服务员随机陪伴,还应加收成人普通票价 50% 的服务费用,通过填开“国内客运退票、变更收费单”收取。如无成人陪伴儿童在航班经停站雇用当地服务人员照料,所需的服务费用按该服务部门的规定收取,通过填开“国内客运退票、变更收费单”收取。

无成人陪伴儿童客票的填开,除按一般规定外,在“旅客姓名”栏内填写儿童姓名,在姓名后,应加“UM”后跟儿童年龄,如:MAO/JL UM06。将儿童父母或监护人填

中国南方航空
CHINA SOUTHERN
无成人陪伴儿童乘机申请书
UNACCOMPANIED MINOR
REQUWSTED FOR CARRIAGE-HANDLING ADVICE

至： 中国南方航空公司__________售票处　　日期
TO______________________________　　DATE__________
儿童姓名NAME OF MINOR__________　　性别SEX__________
出生年月DATE OF BIRTH____________　　年龄AGE__________
航程 ROUTING

自 FROM	至 TO	航班号 FLT NO	等级 CLASS	日期 DATE

航站 STATION	接送人姓名 NAME OF PERSON ACCOMPANYING	地址、电话 ADDRESS AND TEL NO
始发站 ON DEPARTURE		
中途分程站 STOPOVER POINT		
中途分程站 STOPOVER POINT		
中途分程站 STOPOVER POINT		
到达站 ON ARRIVAL		

儿童父母或监护人姓名、地址、电话：
PARENT/GUARLIAN-NAME, ADDRESS AND TEL NO.________________

图3-7 无成人陪伴儿童乘机申请书范例

写的一式两份“无成人陪伴儿童乘机申请书”，一份由售票部门留存备查，一份订在客票上交给儿童父母或监护人，放入“无成人陪伴儿童文件袋”，以备机场工作人员和机上乘务员查验。

3. 无成人陪伴儿童的运输人数限制

由于承运人对无成人陪伴儿童负有责任并需提供特殊服务和照顾，对同一航班的其他旅客会有一定的影响，所以每一航班运送的无成人陪伴儿童数量应有一定的限制。除此之外，如果航班上同时接收了数量受限制的病残旅客，那么原则上表3-3中所列的无人陪伴儿童的限制数量应减半（减半后不足1的向下取整）。

各航空公司因本公司机型对无成人陪伴儿童的数量限制有所不同，南方航空和东方航空关于机上无成人陪伴儿童的运输人数限制参见表3-3，其他航空公司的限制可以在其网站上查询。

表 3-3　南航和东航涉及机型无成人陪伴儿童人数限制

航空公司	机型	限制人数	机型	限制人数	备注
南航	B777A	8	A300	8	只有经济舱接受，头等舱、公务舱、高端经济舱不接受无人陪伴儿童
	B777B	6	MD85/90	5	
	B737/B757	5	A330	6	
	A319/A320/A321	5	ATR72/EMB145	1	
东航	A340	5	A330	4	
	A300	4	A321/320/319	3	
	B767	4	B737	3	
	CRJ	2	EMB145	2	

（六）婴儿及有成人陪伴儿童购票规定

有成人陪伴儿童是指由同舱位的年满 18 周岁且有民事行为能力的成年旅客陪伴同行的儿童旅客。票价按相应的儿童票价计收，占有座位并享有所持客票座位等级规定的免费行李额。

婴儿指旅行开始之日未年满两周岁的旅客。婴儿不单独占座位，票价按同行陪护成人所购客票同等物理舱位公布普通票价的 10% 计收，但每一个成人只能有一个婴儿享受这种票价，超过限额的婴儿应按相应的儿童票价计收，可单独占用座位。

儿童和婴儿的年龄指开始旅行时的实际年龄，如儿童在开始旅行时未满规定的年龄，而在旅行途中超过规定的年龄，则无需补收票款。为了保证旅客的安全，出生不超过 14 天的婴儿不接受乘机。每一航班接收婴儿的最大数额应少于该航班机型的总排数（EMB/ERJ/ATR 机型除外，仅能接受承运 5 名婴儿）。购买儿童客票（包括婴儿）应提供年龄的证明，如护照、出生证等。

按相应的儿童票价付费的婴儿和儿童，可享有所持客票票价等级规定的免费行李额。按成人公布普通票价 10% 付费的婴儿，按重量计算免费行李额时，有 10 千克免费行李额，并允许免费携带一辆折叠式婴儿推车或一个摇篮，国内航班不接受机上婴儿摇篮的申请。按件数计算免费行李额时，只能有一件托运行李，其三边之和不得超过 115 厘米，并允许免费携带一辆折叠式婴儿车或推车（尺寸不得超过指定的储藏空间容积）。

（七）孕妇旅客购票规定

1．孕妇旅客乘机条件

由于在高空飞行中，空气中氧气成分相对减少、气压降低，因此孕妇运输需要有一定的限制条件。

（1）怀孕 32 周或不足 32 周的孕妇乘机，除医生诊断不适宜乘机者外，可按一般

旅客运输。

(2) 怀孕超过32周的孕妇乘机,一般不予接受,如有特殊情况,怀孕超过32周、不足36周的孕妇乘机,应提供包括下列内容的医生诊断证明:旅客姓名、年龄、怀孕时间、旅行的航程和日期、是否适宜乘机、在机上是否需要提供其他特殊照料等。上述医疗证明或诊断证明书,应在旅客乘机前72小时内填开,并经县级(含)以上的医院盖章和该院医生签字方能生效。

(3) 怀孕超过9个月(36周),预产期在4周以内,或预产期不确定但已知为多胎分娩或预计有分娩并发症者,不予接受运输。

2. 孕妇旅客售票规定

办理怀孕32周以上至36周的孕妇旅客预约前,应先填写一式三份的"特殊旅客(孕妇)乘机申请书"(格式与病残旅客的"申请书"相同),并按上述接受条件检查"医疗证明或诊断证明书"。经检查符合运输条件后,方能办理订座手续。接受承运的孕妇旅客订座应优先办理。孕妇旅客可以使用优惠票价。

(八) 精神病人购票规定

最近几年,出现了数次因为旅客精神问题而导致的旅客与航空公司之间的纠纷。航空公司一般规定如下:

(1) 国内航空公司原则上不承运精神病人,特别是在发病期间的精神病人。

(2) 精神病人家属向本公司提出运输申请时,在获得航空公司认可的医院或医务人员认为病人病情稳定且在采取一定医疗措施后宜乘机旅行的情况下,可以予以承运。

(3) 精神病人运输必须要有能控制病人的人员(三倍于病人)陪同。

(4) 如病人在起飞前须服用镇静剂,则航程必须在镇静剂作用有效期内完成。

(5) 每个航班可同机承运3名(含)以下的精神病人。

(6) 在国务委员、副总理以上重要旅客乘坐的航班上,严禁搭载精神病患者。

(7) 票价仅适用于普通票价。

(九) 其他类型特殊旅客购票规定

特殊旅客除上述特殊旅客之外,国内航空公司在航空运输过程中还会将以下旅客视作特殊旅客:无成人陪伴青少年、送返离家出走少儿;有占用客舱座位的自理行李、商业信袋、外交信袋的运输/额外占座等需求的旅客;酒精、毒品、麻醉品旅客;犯罪嫌疑人;警卫人员;传染病人;需要特殊餐食的旅客等。在这些特殊旅客的运输中,航空公司均有相应的运输规定,但是总结一点,所有特殊旅客的运输必须事先获得航空公司的同意才能购票和登机。最近几年以来,海航拒载截肢少女事件和国航拒载弱智儿童事件的发生均是在特殊旅客运输过程中产生的运输事故,如果旅客购票时能提前告知航空公司,类似的悲剧就不会发生。

第三节　民航电子客票销售业务

一、民航电子客票基础知识

民航电子客票(英文全称 E - Ticket,简称“电子客票”)是普通纸质机票的替代产品,旅客购票后仅凭有效身份证件直接到机场办理乘机手续即可成行,实现“无票乘机”。

电子客票实际是普通纸质机票的电子映像。纸质机票将相关信息打印在专门的机票上,而电子客票则将票面信息存储在系统中。由于电子客票将原有纸制机票上的信息全部保存在系统中,因此电子客票只是“无纸”而不是“无票”,完全不同于无乘机联登机。

电子客票是民航产品销售电子商务市场化的最佳产品,最大限度摆脱了物流配送环节,使广大旅客体验到便捷支付、即刻拿货的消费过程,满足其电子商务的消费心理。电子客票的出现顺应了信息时代的市场需求,已成为航空旅行电子商务化的重要标准之一。电子客票作为世界上最先进的机票形式,依托现代信息技术,实现无纸化、电子化的订票、付款和办理乘机手续等全过程,给旅客带来诸多便利的同时降低了航空公司的运营成本。

(一) 电子客票发展历程

1994 年,美国西南航空推出第一张电子客票①,之后的十几年时间里,电子客票迅速成为了航空电子商务的焦点,并在 2007 年全面替代了纸质客票,成为了全球航空运输的行业标准运输凭证。

2000 年,中国南方航空公司推出第一张电子客票,比起国外先进国家晚了近 7 年。由于顺应信息化社会的市场需求,中国民航的电子客票一出现,就成为一场新潮流席卷国内各大航空公司。

2003 年,国内三大航空公司之一的中国国际航空股份有限公司(Air China Limited,简称“国航”)率先投产了中国民航信息技术股份有限公司(简称“中航信”)开发的电子客票系统。中国南方航空股份有限公司(China Southern Airlines Company Limited,简称“南航”)、中国东方航空股份有限公司(China Eastern Airlines Corporation Limited,简称“东航”)等也相继与中航信合作推广电子客票系统,自此中国民航电子客票建设的局面得以全面打开。2004 年 9 月 1 日,海南航空公司在国内率先推出 BSP 电子客票,2006 年底,电子客票全面实施,自此机票代理行业发生了一系列的巨变。而这种巨变是随着电子商务在机票行业产业链的深入而产生的。2009 年开始的

① 有资料认为最早推出电子客票的是美国 VALUEJET 航空,时间在 1993 年。

近3年间，机票销售的网上交易量及在线支付量的增幅年均都超过300%，呈几何倍数迅猛增长，这是传统行业的营销手段完全不可想象和比拟的。

2011年12月21日，中国民航信息集团公司宣布，借助中航信的技术推动，中国最先成为全球航空电子客票普及率100%的国家。按照2013年中国民航旅客运量3亿人次的预估计算，100%电子客票的实现，为中国民航的年节约成本预计可达60亿元人民币。

（二）中国电子客票发展大事记

2000年3月，南航率先推出国内第一张电子客票（本票电子客票）。

2004年，国航、南航、东航三大航空公司均建立了自己的电子机票系统，并未加入BSP电子机票系统中。

2004年9月1日，海南航空公司开始使用中国第一张BSP电子客票（中性电子客票）。

2004年9月底，东航推出首张个人电子客票（B2C）。

2004年9月，游易航空旅行网上线销售出第一张国航电子机票。

2005年1月，国航、东航正式加入BSP电子机票系统。10月31日，南航也加入了BSP电子机票系统。

2006年6月，电子客票行程单作为全国统一报销凭证，正式启用。

2006年10月，国航率先停止发售纸质票，全面推进电子客票。

2007年底，实现100% BSP电子客票。

2008年5月9日，中国BSP办公室停止发放所有BSP纸质客票。

2008年6月1日零点起，国内所有国际航协认可代理人均不允许再销售BSP纸质客票。

二、民航电子客票识读

（一）民航电子客票票面识读

通过订座系统出票的电子客票票面图如图3－8所示。下面从第一行开始，逐行介绍电子客票票面的基本信息及其含义。

（1）“DETR:TN/784－2237766138，AIR/CZ”：通过电子客票票号提取电子客票票面信息。DETR是订座系统提取指令；TN是电子客票号Ticket NO.的缩写；784－2237766138是电子客票号，共13位，前三位是航公司代码，例如，784代表南航，999代表国航，781代表东航等；AIR/CZ是承运人两字代码，例如，CZ代表南航，CA代表国航，MU代表东航等。

（2）“ISSUED BY：CHINA SOUTHERN AIRLINES”：出票人是中国南方航空公司。

“ORG/DST：CAN/LHW”：航程始发站和目的站是广州和兰州。ORG/DST是Origin和Destination的缩写，CAN/LHW是起讫点的三字代码。

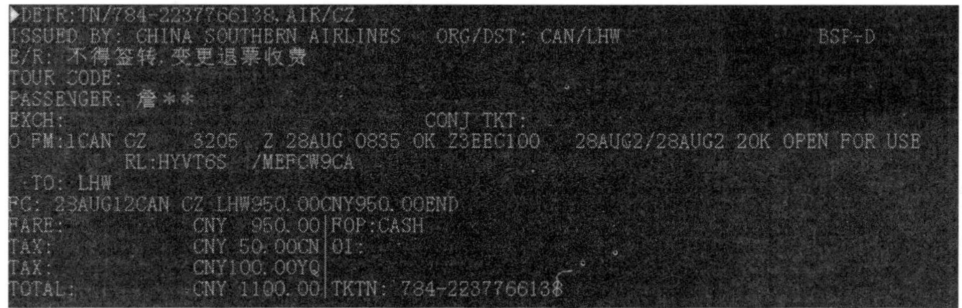

```
DETR:TN/784-2237766138,AIR/CZ
ISSUED BY: CHINA SOUTHERN AIRLINES    ORG/DST: CAN/LHW                BSP-D
E/R: 不得签转,变更退票收费
TOUR CODE:
PASSENGER: 詹**
EXCH:                              CONJ TKT:
O FM:1CAN CZ    3205  Z 28AUG 0835 OK Z3EEC100   28AUG2/28AUG2 20K OPEN FOR USE
          RL:HYVT6S   /MEFCW9CA
  TO: LHW
FC: 28AUG12CAN CZ LHW950.00CNY950.00END
FARE:             CNY   950.00|FOP:CASH
TAX:              CNY 50.00CN|OI:
TAX:              CNY100.00YQ|
TOTAL:            CNY 1100.00|TKTN: 784-2237766138
```

图 3-8　电子客票票面

“BSP-D”：BSP 中性国内客票。与之对应的还有另外三种：BSP-I、ARL-D 和 ARL-I，分别代表 BSP 中性国际客票、航空公司国内本票和航空公司国际本票。

(3)“E/R：不得签转，变更退票收费”。签转和限制信息，E/R：Endorsements/Restrictions 的缩写，表示签注或限制。

(4)“TOUR CODE”：旅游编号。

(5)“PASSENGER”：旅客姓名。

(6)“EXCH”：换开凭证，即如果该客票是由其他有价凭证换开，如旅费证(MCO)、预付票款通知(PTA)或其他客票，则在此标注。“CONJ TKT”：连续客票。

(7)“FM：1CAN CZ 3205 Z 28AUG 0835 OK Z3EEC100 28AUG2/28AUG2 20K OPEN FOR USE”：此行为航段信息行，主要包含如下对应信息，自广州、南航承运、航班号是 3205、座位等级是 Z、航班日期是 8 月 28 日、航班时刻为早上 8 点 35 分、座位已订妥、客票级别为 Z3EEC100、8 月 28 日当天有效、免费行李额为 20 千克、客票有效未使用。

客票状态栏，除 OPEN FOR USE 外，还有若干种客票状态(参见表 3-4)。

表 3-4　电子客票状态释义

客票状态	释　义	客票状态	释　义
OPEN FOR USE	客票有效未使用	SUSPENDED	客票挂起
REFUNDED	已退票	CHECKED IN	已办理值机
USED/FLOWN	客票已使用	VOID	客票作废
PRINTED	换开纸票	LIFT/BOARDED	旅客已登机
EXCHANGED	已部分使用或换开纸票		

(8)“RL：HYVT6S/MEFCW91E”：订座记录编号。HYVT6S 代表航空公司订座系统(ICS)订座记录编号；MEFCW91E 代表代理人分销系统(CRS)订座记录编号。

(9)“TO：LHW”：航段目的站(兰州)。

(10)“FC：28AUG12CAN CZ LHW950.00CNY950.00END”：运价计算栏。

(11)“FARE：　　CNY950.00

TAX:　　　CNY50.00CN

TAX:　　　CNY100.00YQ

TOTAL:　　CNY1100.00”

此栏是总价计算栏,包括票价950.00元,两项税费,包括机场建设费(CN)[①]及燃油附加费(YQ)共计1100.00元。

(12)“FOP:CASH”付款方式:现金;

“OI”:原客票号(常见于换开客票的情况);

“TKTN:784－2237766138”:电子客票号

机票票款的付款方式除上述现金付款之外,还有如下几种常见付款方式,参见表3－5。

表3－5　机票付款栏代码释义

代码	释　义	代码	释　义
CASH	现金	TKT	客票换开
CHQ	支票	MCO	旅费证
CC	信用卡	PTA	预付票款通知

(二)航空运输电子客票行程单识读

国内民航实现100%电子客票后,机票已经变成在航空公司订座系统中的一个无形的电子文件,对于旅客来说,有形可见的部分只有航空运输电子客票行程单(简称“行程单”),行程单在使用之初,票面信息的打印上沿用了原来纸质客票的内容和风格,相对较为专业,普通旅客识读存在困难。为了改变这一现状,从2011年12月1日起,国内电子客票行程单做了部分改进,将部分内容改为中文显示,改进后的内容格式相对大众化,普通旅客能够轻易识读。目前使用的电子客票行程单样式如图3－9所示。

针对新版电子客票行程单,仅作如下说明:

(1)旅客姓名下面的HZQH6S:旅客订座记录编号。

(2)T2武汉:这是本次电子客票行程单改版的一个变化,针对多候机楼机场,特意标注出发或到达机场的候机楼编号,T即为Terminal(候机楼)的缩写,T2即为2号航站楼。

(3)承运人栏和航班号栏:由之前的SC4933改为山航SC4933,对于普通旅客来说,没有民航运输专业知识,很难判断SC4933是山东航空公司的航班。

(4)日期栏:由之前的英文缩写表示,改为常见的阿拉伯数字表示,之前的表

① 机场建设费(CN):机场建设费是筹集机场建设经费而设立的。机场的修建在早期有民航和地方两种渠道,为了保证地方的投资回报,这一制度就一直保留下来。2012年4月,财政部公布新的《民航发展基金征收使用管理暂行办法》,规定机场建设费由民航发展基金取代。

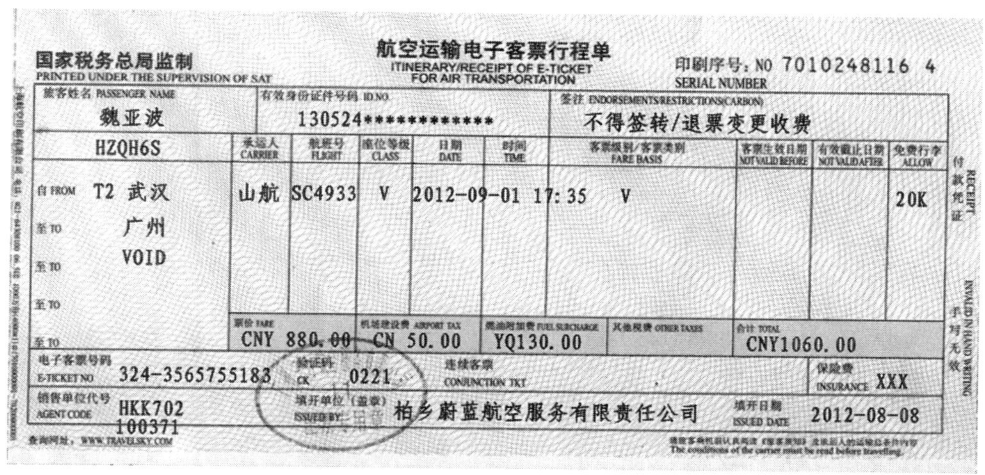

国家税务总局监制
PRINTED UNDER THE SUPERVISION OF SAT

航空运输电子客票行程单
ITINERARY/RECEIPT OF E-TICKET FOR AIR TRANSPORTATION

印刷序号：NO 7010248116 4
SERIAL NUMBER

旅客姓名 PASSENGER NAME：魏亚波
有效身份证件号码 ID.NO.：130524************
签注 ENDORSEMENTS/RESTRICTIONS(CARBON)：不得签转/退票变更收费

HZQH6S

	承运人 CARRIER	航班号 FLIGHT	座位等级 CLASS	日期 DATE	时间 TIME	客票级别/客票类别 FARE BASIS	客票生效日期 NOT VALID BEFORE	有效截止日期 NOT VALID AFTER	免费行李 ALLOW
自 FROM T2 武汉	山航	SC4933	V	2012-09-01	17:35	V			20K
至 TO 广州									
至 TO VOID									
至 TO									
至 TO									

票价 FARE	机场建设费 AIRPORT TAX	燃油附加费 FUEL SURCHARGE	其他税费 OTHER TAXES	合计 TOTAL
CNY 880.00	CN 50.00	YQ130.00		CNY1060.00

电子客票号码 E-TICKET NO：324-3565755183　验证码 CK：0221　连续客票 CONJUNCTION TKT　保险费 INSURANCE：XXX

销售单位代号 AGENT CODE：HKK702 100371　填开单位（盖章） ISSUED BY：柏乡蔚蓝航空服务有限责任公司　填开日期 ISSUED DATE：2012-08-08

查询网址：WWW.TRAVELSKY.COM

The conditions of the carrier must be read before travelling.

付款凭证 RECEIPT　手写无效 INVALID IN HAND WRITING

图 3-9　电子客票行程单

示是 01SEP12，对于英文基础较差的旅客来说，改进后就不会出现日期错误和混淆。

（5）时间栏：由之前的民航常用的 24 小时制改为常见的时间表示方法，之前的表示是 1735。

（6）其余项的表示没有变化，相关内容的识读信息可以从前述电子客票票面识读中获得。

（三）电子客票行程单的使用

实行 100% 电子客票后，国家税务总局和中国民用航空局于 2008 年 5 月 19 日联合发布了《航空运输电子客票行程单管理办法（暂行）》（简称《管理办法》），下面就该《管理办法》要点做如下简单概述[①]：

（1）从性质上来说，电子客票行程单是税务发票，由国家税务总局授权中国民用航空局负责全国"行程单"的印制、领购、发放、开具、保管和缴销等管理工作。

（2）公共航空运输企业和航空运输销售代理企业在旅客购票时，应使用统一的打印软件开具"行程单"，不得手写或使用其他软件套打；打印项目、内容应与电子客票销售数据内容一致，不得重复打印，并应告知旅客"行程单"的验真途径。"行程单"遗失不补。

（3）旅客发生退票或其他变更导致票价金额与原客票不符时，若已打印"行程单"，应将原"行程单"收回，方能为其办理有关手续。

（4）旅客电子客票行程单遗失不补，旅客退票时若发生遗失，需要填开电子客票行程单遗失声明（参见图 3-10）。

---

① 《航空运输电子客票行程单管理办法（暂行）》详细内容见国家税务总局网站：http://www.gov.cn/gongbao/content/2008/content_1157921.htm。

航空运输电子客票行程单遗失声明（范本）

特别提醒：
1. 本声明仅在销售机构决定为旅客退票之后使用，使用时销售机构必须首先将该行程单在行程单打印插件里面执行作废操作；
2. 本声明仅用于由于旅客的原因造成电子客票行程单丢失或者损毁而无法回收的情况；
3. 本表填写后与平时作废的行程单一同保存，待次年3月份回收时统一上交。

<table>
<tr><td colspan="4">航空运输电子客票行程单遗失声明</td></tr>
<tr><td>旅客姓名</td><td></td><td>旅客联系电话</td><td></td></tr>
<tr><td>旅客身份证号</td><td colspan="3"></td></tr>
<tr><td>旅客工作单位</td><td></td><td>工作单位
联系电话</td><td></td></tr>
<tr><td>预定航班号</td><td></td><td>电子客票号</td><td></td></tr>
<tr><td>行程单印刷序号</td><td colspan="3"></td></tr>
<tr><td>行程单填开单位名称</td><td colspan="3"></td></tr>
<tr><td>行程单填开单位</td><td colspan="3"></td></tr>
<tr><td colspan="4">情况说明：</td></tr>
<tr><td colspan="4">旅客签字：　　　　经办人签字：　　　　（销售单位公章）</td></tr>
</table>

图 3－10　航空运输电子客票行程单遗失声明

三、民航电子客票退改签业务

（一）民航电子客票退票业务

根据引起退票原因的不同，分为自愿退票、非自愿退票和旅客因病退票三种，适用退票费率也是有所差别（因为各个航空公司规定有所差异，此处以民航局客规为依据进行讲解）。

1. 自愿退票

自愿退票是指旅客由于本人原因，未能按照运输合同（旅客客票）完成全部或部分航空运输，在客票有效期内要求退票。

关于自愿退票计费的规定，在《中国民用航空旅客、行李国内运输规则》中规定如下：

（1）在航班规定离站时间 24 小时（含）以前，收取客票价 5% 的退票费。

（2）在航班规定离站时间前24小时以内至2小时（含）以前，收取客票价10%的退票费。

（3）在航班规定离站时间前2小时以内，收取客票价20%的退票费。

（4）在航班规定离站时间以后，收取客票价50%的误机费。

（5）特殊旅客或特种机票免收退票费，情况如下：革命伤残军人要求退票，免收退票费；按全价10%付费的婴儿票，免收退票费；儿童票退票与成人一致；持不定期客票的旅客要求退票，免收退票费。

（6）对于联程、中途分程或来回程客票的退票，按上述规定分别收取各航段的退票费（分段计收）。

（7）旅客在航班经停地自动终止旅行，该航班的客票即告失效，未使用航段的票款不退。

（8）优惠票价，各航空公司退票规定不相同。

在实际的退票工作中，各航空公司又根据自身的销售战略提出了一些额外的规定。以下我们列举一份国内某大型航空公司退票的具体规定：

××航空公司退票费收取规定

① 按正常票价90%（含）以上计费的客票，收取客票价5%的退票费；按正常票价80%（含）~89%计费的客票，收取客票价10%的退票费；按正常票价55%（含）~79%计费的客票，收取客票价20%的退票费；按正常票价55%以下计费的客票（军残、警残优惠票除外），收取客票价50%的退票费。

② 因公致残的现役军人及因公致残的人民警察在航班规定离站时间前要求退票，收取客票价20%的退票费；在航班规定离站时间后要求退票，收取客票价50%的退票费。

③ 持不定期客票的旅客要求退票，免收退票费（收取20元/本的工本费）。持由定期更改为不定期客票的旅客要求退票，按客票票面列明的订座舱位对应的退票规定收取退票费。

④ 除上述三条规定外，承运人未做特别规定的，根据中国民用航空总局令第49号《中国民航空公旅客、行李国内运输规则》的规定办理。

⑤ 持联程、来回程客票的旅客要求退票，根据承运人有关业务规定按本条第①款或第④款的规定收取各航段的退票费。

⑥ 持婴儿客票的旅客要求退票，免收退票费。

⑦ 退票时间的计算，应以旅客所购票上填明的航班规定离站时间为准。

以上资料仅供参考，各航空公司具体退票工作实施要遵照各公司的《国内客运销售业务手册》要求。

2. 非自愿退票

非自愿退票是指由于天气、航行、机务或承运人其他原因引起航班取消、提前、延误、航程改变、衔接错失或承运人不能提供座位,旅客要求的退票。

关于非自愿退票计费在《中国民用航空旅客、行李国内运输规则》中规定如下:

(1) 在航班始发站,退还旅客所付的全部票款。

(2) 在航班经停站,退还未使用航段的票款,但所退金额不得超过原付票款金额。

(3) 航班如在非规定的航站降落,取消当日飞行,旅客要求退票,应退还由降落站至到达站的票款,但不得超过原付票款金额,不收取退票费;如旅客所付票价为折扣票价,应按相同折扣率计退票款。

(4) 联程旅客由于上述原因在航班经停站或联程站停止旅行,也应按照相同的折扣率退还未使用航段的票款。

3. 旅客因病退票

旅客因病退票是指旅客因个人身体健康原因未能全部或部分完成机票中所列明的航程,旅客提出退票。

旅客因病退票在《中国民用航空旅客、行李国内运输规则》中规定如下:

(1) 旅客购票后,因病不能旅行要求退票,必须在航班规定离站时间前提出并提供县级(含)以上医疗单位的证明原件(包括诊断书原件、病历和旅客不能乘机的证明)。如因病情突然发生,或在航班经停站临时发生病情,一时无法取得医疗单位证明,也必须经承运人认可后才能办理。

(2) 旅客因病退票,在航班始发站提出,退还全部票款;在航班经停站提出,退还的票款金额为旅客所付票价减去已使用航段相同折扣率的票价金额,但所退金额不得超过原付票款金额。

(3) 旅客的同行人员要求退票,必须与患病旅客同时提出,也按上述规定办理,否则一律按自愿退票处理。

(二) 民航电子客票变更业务

民航电子客票变更是指旅客购买定期客票后出于个人原因或航空公司安排失误而要求变更乘机日期、航班、航程、座位级别或更换乘机人。

1. 客票变更工作的一般规定

客票变更是旅客享有的基本权利,各相关承运人的营业部、售票处及销售代理人应根据实际情况积极予以办理,不得擅自拒绝旅客的客票变更要求。要求变更的客票必须在客票有效期内,逾期的无效客票不得变更;要求变更的客票不得违反票价限制条件,如:承运人提供的较低折扣的机票往往都附加“不得签转”“不得变更”等限制条款,客票的变更工作一定要遵循限制条款。

变更的处理因变更的原因不同而有所差别,通常把变更分为两类来处理,即自愿变更和非自愿变更。

自愿变更是指旅客购票后,因旅客自身原因而主动向承运人提出改变原机票上所列明的航班、日期等要求,应按下列规定办理:

（1）旅客购买正常票价的客票后，如要改变航班、日期，必须在原定航班停止办理乘机手续前提出并予以免费办理；如在停止办理乘机手续后提出，并且决定继续乘坐原承运人的后续航班，可予以免费办理，但仅限一次，如旅客要求再次变更，每次应支付票价5%的手续费。若旅客要求变更的航班和日期是在原承运人航班没有可利用座位或旅客不同意由原承运人安排航班和日期的情况下，则按自愿退票办理。

（2）旅客购票后要求把原有舱位更改至较高等级舱位，在航班座位和时间均允许的情况下，应积极予以办理，并补收原票价与较高等级舱位票价的差额。

（3）旅客购票后要求更改至较低等级舱位，应先将原票按自愿退票规定办理，再按变更后的舱位重新购票。

（4）旅客购票后要求变更承运人，处理办法参见签转规定。

（5）旅客购票后欲改变航程或乘机人，原票均按自愿退票规定办理退票，根据新航程或新乘机人姓名重新购票。

（6）持特种票价客票的旅客要求改变航班、日期，应遵守该特种票价规定的条件。

非自愿变更是指旅客购票后，由于天气、空中交通管制、飞机机务故障、承运人调度失误等无法控制或不能预见的原因以致航班取消、提前、延误、航程改变、衔接错失或不能提供旅客原已证实的座位，旅客要求变更航班、日期等的行为。通常航空公司应当考虑旅客的合理需要并采取以下措施：

（1）为旅客优先安排有可利用座位的本承运人的后续航班。

（2）征得旅客及有关承运人的同意后，办理签转手续。

（3）若由承运人原因造成的变更，承运人有义务安排航班将旅客运达目的地或中途分程地点，票款、逾重行李费和其他服务费用的差额多退少不补。

（4）由于承运人原因，造成旅客舱位等级变更时，票款的差额多退少不补。如：头等舱改为普通舱，应退还票价差额；普通舱改为头等舱，不再收取差额。

2. 客票变更工作程序

航班、日期变更的处理程序：旅客购票后，如需要变更乘机日期、航班，售票人员按照旅客所提的要求，查看航班订座情况，如有座位，应提取原订座的记录并做相应的更改，原PNR订座记录编号不变。如原PNR已取消，则重新订座。

舱位变更的处理程序：旅客购票后，如在航班起飞前在地面提出自愿变更至相同航程较高等级舱位时，按照旅客所提的要求，查看订座情况，如有座位，应提取原订座的记录做相应的更改，原PNR编号不变。办理舱位变更、补收票价差额，可以用填开“退票、误机、变更收费单”或换开客票的方式补收舱位差额。

（三）民航电子客票签转业务

航空公司的客票是旅客乘坐客票上所表明承运人航班的凭证，简言之，客票不能在各承运人之间任意交换使用，只能允许在满足一定条件下进行相关的运输和签转。客票签转就是改变原有客票的承运人，按照签转的原因不同可以分为两类：旅客自愿签转、旅客非自愿签转，它们的规定和操作程序也有所不同。

1. 旅客自愿签转

旅客自愿签转是指由于旅客自身的原因，向原承运人提出改变承运人的要求。在办理旅客自愿签转业务时，工作人员必须首先判断客票是否满足以下自愿签转条件：

（1）旅客使用的票价无签转限制条款；

（2）旅客客票未改变过航班、日期；

（3）旅客在原航班规定离站时间24小时（含）之前提出更改要求；

（4）旅客要求变更的承运人必须与原承运人签有联运协议，可以进行相互填开或接收票证、票款结算等业务活动。

同时满足了以上自愿签转条件后，原承运人的相关部门有义务为旅客积极免费办理相关的签转业务。凡是不满足上述规定的，如旅客坚持要求改变承运人，一律按照自愿退票相关规定和程序办理。

2. 旅客非自愿签转

旅客非自愿签转是指由于航班延误、天气恶劣、飞机故障等非旅客主观原因，旅客向原承运人提出改变承运人的要求。原承运人有责任和义务保障旅客及时到达原客票标明的目的地，应积极协调相关部门尽快协助旅客处理，在征得有关承运人的同意后，办理签转手续。由于原承运人原因造成的旅客非自愿签转，票款的差额多退少不补。

除此之外，一些特殊票价客票的签转在没有特殊规定外，其签转规定和处理与正常票价客票相同。

（四）国内各航空公司客票退改签案例

1. 中国国际航空公司客票退改签案例

旅客张甜于2014年7月2日购买了一张7月12日的机票，航程是PEK－URC，航班是CA1477，K舱座位，已知PEK－URC的公布直达运价是CNY2410，旅客购买机票时需要支付CNY120燃油附加费和CNY50机场建设基金。（题目所使用销售条件参见图3－11的政策，另：如变更航班、日期与低舱位改高舱位同时进行，变更费和票价差额须同时收取。）

（1）旅客购买机票共需要支付多少金额（包括：票款和税费）？

根据政策，K舱为75折：

$$票价 = 2410 \times 75\% = 1807.5—CNY1810.00$$

$$支付金额 = 1810 + 120 + 50 = CNY1980.00$$

（2）旅客在7月10日要求变更为7月13日起飞的相同航班，若航班仍有K舱，请问如何为旅客办理？

根据政策，旅客在航班起飞前自愿变更同等舱位，变更手续费率为票价的10%：

$$变更手续费 = 1810 \times 10\% = CNY181.00$$

	普通航线						
	舱位	产品/折扣	退票手续费		变更手续费		自愿签转
			起飞（含）前退票	起飞后退票	起飞(含)前变更(含签转)/次	起飞后变更(含签转)/次	
	p	300%	免费退票	10%	免费变更	5%	允许
	F	300%					
	C	230%					
	A	250%	对应舱位公布运价10%		对应舱位公布运价5%		不允许
	D	180%					
	Z	160%					
适用范围：出票日期为2013年3月1日（含）以后的客票	Y/W	100%	5%	10%	免费变更	5%	允许
	B	90%	20%	30%	10%	20%	不允许
	M	88%					
	H	80%					
	K	75%					
	L	70%					
	Q	60%					
	G	50%	50%	不允许	30%	50%	
	V	45%					

图 3－11　国航客票退改签政策截图

因此，收取 181 元变更手续费，为旅客积极办理。

（3）旅客在 7 月 10 日要求变更为 7 月 13 日起飞的相同航班，若航班最低舱位只有 M 舱，请问如何为旅客办理？

根据政策，旅客在航班起飞前自愿变更，因无同等舱位，需升到 M 舱 88 折：

变更手续费 = 1810 × 10% = CNY181.00

M 舱票价 = 2410 × 88% = 2120.8—CNY2120.00

升舱差额费 = 2120 － 1810 = CNY310.00

两者相加 181 + 310 = 491.00，因此，收取 491 元为旅客积极办理。

（4）若旅客在 7 月 13 日航班起飞前，要求更改为 HU7145 航班如何办理？

根据政策，K 舱的限制条件为不可自愿签转，旅客自愿要求由国航签转为海航的要求将无法满足，旅客需要退票并重新购买机票。

（5）由于旅客在去机场途中遇堵车引起误机，要求退票，请问如何办理？并计算出共退旅客多少金额。

根据政策，旅客在飞机起飞后要求自愿退票，退票手续费率为 30%：

退票手续费 = 1810 × 30% = CNY543.00

共退款 = 1980 － 543 = CNY1437.00

2. 中国东方航空公司客票退改签案例

旅客张希于 2014 年 7 月 2 日购买了一张 7 月 13 日 09:05 起飞的机票，航程是 PVG－CTU，航班是 MU5401，N 舱座位，已知 PVG－CTU 的公布直达运价是

CNY1610，旅客购买机票时需要支付CNY120燃油附加费和CNY50机场建设基金。（题目所使用销售条件参见图3－12的政策，另：不再办理升舱全退、重购业务，只能按自愿退票处理。）

	舱位	产品/折扣	退票手续费			变更手续费		自愿签转
			航前		航班起飞前2小时内以及飞后	航班起飞前2小时之前	航班起飞前2小时内以及飞后	
			7天（含）之前	7天之内				
	F	280%	免费退票		10%	免费变更	5%	允许
	P							不允许
	J							允许
	Y	100%	5%					允许
	B	90%	20%		30%	10%	20%	不允许
	M	85%						
	E	80%						
	H	75%						
	K	70%						
	L	65%						
适用范围：出票日期为2013年7月22日	N	60%						
	R	55%						
	S	50%						

图3－12　东航客票退改签政策截图

（1）旅客购买机票共需要支付多少金额（包括：票款和税费）？

根据政策，N舱为60折

$$票价=1610\times75\%=966—CNY970.00$$

$$支付金额=970+120+50=\ CNY1140.00$$

（2）旅客在7月11日要求变更为7月14日起飞的相同航班，若航班仍有K舱，请问如何为旅客办理？

根据政策，旅客在航班起飞前2小时之前自愿变更同等舱位，变更手续费率为票价的10%：

$$变更手续费=970\times10\%=CNY97.00$$

因此，收取97元变更手续费，为旅客积极办理。

（3）旅客在7月11日要求变更为7月14日起飞的相同航班，若航班最低舱位只有B舱，请问如何为旅客办理？

根据政策，旅客在航班起飞前自愿变更，因无同等舱位，需升到B舱90折，原客票自愿退票。

$$航前退票手续费=970\times20\%=CNY194.00$$

$$B舱票价=1610\times90\%=1449.0—CNY1450.00$$

升舱差额费 = 1450 - 970 = CNY480.00

两者相加 194 + 480 = 577.00，因此，收取 674 元为旅客积极办理。

(4)若旅客在 7 月 14 日航班起飞前，要求更改为 3U8648 航班如何办理？

根据政策，N 舱的限制条件为不可自愿签转，旅客自愿要求由东航签转为川航的要求将无法满足，旅客需要退票并重新购买机票。

(5) 由于旅客在去机场途中遇堵车引起误机，要求退票，请问如何办理，并计算出共退旅客多少金额？

根据政策，旅客在飞机起飞后要求自愿退票，退票手续费率为 30%：

退票手续费 = 970 × 30% = CNY291.00

共退款 = 1140 - 291 = CNY849.00

3. 中国南方航空公司客票退改签案例

旅客孟昭群于 2014 年 7 月 2 日购买了一张 7 月 11 日 13:45 起飞的机票，航程是 SHE - KMG，航班是 CZ6415，F 舱座位，已知 SHE - KMG 的公布直达运价是 CNY2280，旅客购买机票时需要支付 CNY120 燃油附加费和 CNY50 机场建设基金。(题目所使用销售条件参见图 3 - 13 的政策，另：从较低等级舱位改为较高等级舱位或较低票价变更到较高票价，收取票价价差。如客票航班/日期等变更与舱位变更同时进行，则需同时收取变更费和票价价差。)

舱位	产品/折扣	使用条件				
		退票手续费		变更手续费		自愿签转
		航班规定离站时间前2小时（含）前	航班规定离站时间前2小时(不含)后	航班规定离站时间前2小时（含）前	航班规定离站时间前2小时(不含)后	
F	头等舱	5%	10%	免费变更	5%	允许
	280%					
A	明珠头等舱					
	400%					
P	头等舱	具体文件使用条件				不允许
	230%					
J	公务舱	5%	10%	免费变更	5%	允许
	230%					
C	公务舱	具体文件使用条件				不允许
	180%					
D	公务舱					
	180%					

图 3 - 13　南航客票退改签政策截图

(1) 旅客购买机票共需要支付多少金额(包括票款和税费)？

根据政策，F 舱为 280 折：

票价 = 2280 × 280% = 6384—CNY6380.00

支付金额 = 6380 + 120 + 50 = CNY6550.00

(2) 旅客在7月8日要求变更为7月12日起飞的相同航班,若航班仍有F舱,请问如何为旅客办理?

根据政策,旅客在航班起飞前2小时之前自愿变更同等舱位,可以免费变更。

(3) 若旅客在7月11日航班起飞前,要求更改为MU2263航班,如何办理?

根据政策,F舱的限制条件为允许旅客自愿签转,若拟签转航班仍有F舱,应积极按照旅客要求由南航签转为东航的航班。

(4) 由于旅客在去机场途中遇堵车引起误机,要求退票,请问如何办理?并计算出共退旅客多少金额。

根据政策,旅客在飞机起飞后要求自愿退票,退票手续费率为10%:

退票手续费 = 6380 × 10% = CNY638.00

共退款 = 6550 - 638 = CNY5912.00

4. 山东航空公司客票退改签案例

旅客王懿楠于2014年7月2日购买了一张7月12日起飞的机票,航程是TAO - HGH,航班是SC4645,L舱座位,已知TAO - HGH的公布直达运价是CNY900,旅客购买机票时需要支付CNY60燃油附加费和CNY50机场建设基金。(题目所使用销售条件参见图3 - 14的政策,另:如客票改期与低舱位改高舱位同时进行,比较舱位差额和改期费,按高者收取。)

<table>
<tr><th>航空公司</th><th>舱位</th><th>折扣</th><th>退票手续费</th><th>变更</th></tr>
<tr><td rowspan="16">山东航空
(适用于首次填开的未经更改的、销售日期为2011年10月11日(含)以后、航班日期为2011年10月30日(含)以后的国内客票)</td><td>F</td><td>150</td><td rowspan="2">免收退票费</td><td rowspan="6">免费变更</td></tr>
<tr><td>C</td><td>130</td></tr>
<tr><td>Y</td><td>100</td><td rowspan="4">收取票面的5%</td></tr>
<tr><td>B</td><td>90</td></tr>
<tr><td>M</td><td>85</td></tr>
<tr><td>H</td><td>80</td></tr>
<tr><td>K</td><td>75</td><td rowspan="7">收票面的10%</td><td rowspan="7">每次按票面的10%收取改期费</td></tr>
<tr><td>L</td><td>70</td></tr>
<tr><td>P</td><td>65</td></tr>
<tr><td>Q</td><td>60</td></tr>
<tr><td>G</td><td>55</td></tr>
<tr><td>V</td><td>50</td><td rowspan="3">收取票面的30%</td><td rowspan="3">每次更改均按票面的20%收以改期费</td></tr>
<tr><td>U</td><td>45</td></tr>
<tr><td>Z</td><td>40</td></tr>
</table>

图3 - 14　山航客票退改签政策截图

(1) 旅客购买机票共需要支付多少金额(包括票款和税费)?

根据政策,L舱为70折:

$$票价 = 900 \times 70\% = CNY630.00$$

$$支付金额 = 630 + 60 + 50 = CNY740.00$$

（2）旅客在7月10日要求变更为7月13日起飞的相同航班，若航班仍有L舱，请问如何为旅客办理？

根据政策，变更手续费率为票价的10%：

$$变更手续费 = 630 \times 10\% = CNY63.00$$

因此，收取63元变更手续费，为旅客积极办理。

（3）旅客在7月10日要求变更为7月13日起飞的相同航班，若航班最低舱位只有K舱，请问如何为旅客办理？

根据政策，旅客在航班起飞前自愿变更，因无同等舱位，需升到K舱80折：

$$变更手续费 = 630 \times 10\% = CNY63.00$$

$$K舱票价 = 900 \times 75\% = 675.0—CNY680.00$$

$$升舱差额费 = 680 - 630 = CNY50.00$$

两者比较取高63，因此，收取63元为旅客积极办理。

（4）由于旅客在去机场途中遇堵车引起误机，要求退票，请问如何办理？并计算出共退旅客多少金额。

根据政策，退票手续费率为10%：

$$退票手续费 = 630 \times 10\% = CNY63.00$$

$$共退款 = 740 - 63 = CNY677.00$$

第四节　民航国内客票销售渠道

一、售票处销售渠道介绍

售票处销售渠道是指由航空公司或者其授权的销售代理人在固定的对公众开放的营业场所从事客票销售及相关服务的客票销售方式。售票处销售渠道最早可以追溯到中国民航刚刚成立，中国民航在各民航机场所在城市市区开设民航售票处（参见图3－15），这在当时也是唯一的机票销售渠道。随着民航机票步入电子化时代，适合原有纸质机票进行国内客票销售的售票处受到了巨大的挑战，售票处销售渠道的销售份额不断降低。特别是民航机票采用电子客票后，航空公司和代理人都由“线下业务”转型升级为“线上业务”，纷纷裁撤作为“线下业务”的典型代表售票处销售渠道。

售票处销售渠道虽然略显“过时”，但凭借其固有优势还是现在不可或缺的销售方式。售票处的最大特点是可以为消费者提供“面对面”的服务，这是其他销售渠道所不具备的。“面对面”服务的真实感会留给消费者全方位的服务体验，这种体验将有助于提高销售方对消费者的黏性，吸引其再次来购票。售票处同时也是航空公司

图 3-15　售票处内景

和销售代理人展示自身形象和实力的最佳平台,对其整体形象的提升有重要促进作用。航空公司直属售票处通常处理"线上"无法涵盖或者交易成本较高的业务,这部分个性化很强的业务是无法用其他方式来有效解决的。因此,售票处销售渠道无法被完全取代。代理人售票处的呈现形式日渐发生着变化。由传统只经营机票销售业务的单一售票处形式,转变为可以同时满足消费者机票销售、酒店预订、旅游分销、汽车租赁、签证代办、商务考察、邮轮旅游等"一站式"差旅服务需求综合产品销售渠道。

二、呼叫中心销售渠道介绍

呼叫中心销售渠道最初形成于航空公司的电话客服中心,随着 20 世纪 90 年代固定电话和 21 世纪前十年移动电话在中国的日益普及,航空公司纷纷推出了电话服务平台,用于为购票旅客提供各种信息和业务办理服务。由于销售流程的逐渐简化、支付方式的轻松便捷,航空公司开始意识到呼叫中心是可以成为其重要销售渠道的。特别是电子客票的全面推行,使航空公司跨过销售代理层面直接将客票销售给终端消费者成为可能。在航空公司加大"直销"领域投入的大背景下,呼叫中心销售渠道成为了其关注的重点。目前,呼叫中心(参见图 3-16)被航空公司赋予更多职能,除了国内、国际机票销售外,还包括客票退改签、新产品促销、常旅客服务等更加全面的

图 3-16　呼叫中心内景

功能。

不单单是航空公司重视呼叫中心渠道，机票销售代理更是依靠该渠道。作为中国在线旅行代理商的携程旅行网，在通过发会员卡积累目标客户的同时，积极构建其呼叫中心。目前，携程在江苏南通建立了近2万个座席的呼叫中心，全国各地的机票业务、订房业务都可以经呼叫中心以及IT后台统一处理，机票的出票时间和价格、酒店的预约时间和价格，甚至员工的服务质量也都能得到监控。呼叫中心是目前机票销售领域中重要的渠道之一。

三、互联网销售渠道介绍

互联网销售渠道是民航机票电子化后的必然产物。以互联网技术为代表的信息技术的快速发展改变着世界传统经济模式，当航空客票销售“邂逅”信息技术就产生了航空电子商务这一新型的渠道模式，也就是互联网销售渠道。从纸质客票到电子客票，从计算机订座系统（CRS）到全球分销系统（GDS），从机票销售总代理（GSA）到机票竞价平台，这都是信息技术带给机票销售领域的环境改变。目前，基于电子客票工具利用互联网技术形成了一系列航空客票销售模式。

（一）以航空公司为代表的B2B、B2C直销模式

电子客票可以在互联网上被轻松地完成预订、支付、出票、值机等各环节，而且极大地降低了航空公司的销售成本。随着我国各大航空公司广泛认识到直销对其可持续发展的重要战略意义，其纷纷不断加大在互联网销售渠道的投资力度，通过升级改造硬件、增加广告投放、整合组织机构、加大促销力度等方式不断提升直销在销售总量中的份额。截至2012年底，我国航空公司国内机票销售中航空公司的直销比例首次超过机票代理的分销比例，直销比例的增加在今后一段时间还将持续。

（二）以携程、艺龙等为代表的OTA分销模式

要分析中国在线销售代理分销模式，不得不提携程旅行网。从分析携程模式入手探析OTA分销渠道。携程定位于旅游业的电子商务公司，历经十多年的不断实践和探索最终发现：通过保证信息在各地酒店、航空公司和消费者之间顺畅地流通，完成全国范围内的酒店和机票产品预订来获取代理销售佣金的商业模式，即“携程模式”。在携程出现之前提供酒店和机票预定服务的公司都是区域性的，没有哪家公司能在全国范围内订酒店和机票，且没有一家公司能做到全天候服务。这种分散的服务方式让质量控制难以执行。携程正是找到了这一产业缝隙，并将它与互联网结合，才获得今天的成功。如今的携程扮演着航空公司和酒店的分销商的角色，它建立了庞大的酒店及机票产品供需方数据库，它能做到“一只手”掌控全国范围内上千万的会员，“另一只手”向酒店和航空公司获取更低的折扣，自己则从中获取佣金。全国各地的机票业务、订房业务都可以经携程呼叫中心以及IT后台统一处理，机票的出票时间和价格、酒店的预约时间和价格，甚至员工的服务质量也都能得到监控。六西格玛管理使携程能将客人打给呼叫中心电话的等待时间控制在国际通行的20秒以内，

将接听比例从80%提高到90%以上，将服务客户的电话时长缩减到今天的150秒左右。而且，由于携程整合的是信息层面的资源，使其可以几乎零成本地加入新的航线、酒店产品的预订。

（三）以票盟、51BOOK等为代表的竞价平台模式

现在国内主流竞价平台大概有十多家，各个平台的产品和营销模式都很相近。首先，吸引全国各地区大型代理企业上线作为供应商，由供应商提供查询订座配置接口，并且提供销售代理费政策；其次，广泛吸引全国代理企业，以及更多的上线采购商；最后，平台通过“支付宝”等在线支付工具，完成供应商和采购商的结算、出票全过程。对于航空公司、消费者、代理企业，竞价平台的优劣势十分明显，分析如下。

1．竞价平台对于航空公司的优劣势分析

（1）优势。加快航空公司机票销售的速度，但航空公司在某时段、某航段的载运能力是有限的，这一优势带给航空公司的利润增加并不十分明显。

（2）劣势。首先，代理费用增加。通过全国各地区大型代理企业在“平台”上提供的优厚代理费率，事实上让全国的中小代理都享受到航空公司的出港地代理费政策，这直接导致了航空公司代理费用的增加。其次，竞价平台的快速发展，实际上对航空公司大力推进的网站直销带来巨大冲击，特别是航空公司网站针对代理企业的B2B直销。

2．竞价平台对于消费者的优劣势分析

（1）优势。竞价平台从表面上可以为消费者提供价格更低的机票，但是消费者风险较大。

（2）劣势。首先，虚假行程单严重侵害了消费者利益。由于采购商和供应商往往不在一个城市，互不相识，且大多数采购商为不正规代理人，所以大多数竞价平台操作的基本规则是供应商不提供电子客票行程单。其次，旅客购买机票的售后服务的缺失。竞价平台销售的机票大多是销售单位和填开单位不一致的情况，因此如果旅客购买了机票，在航班起飞、延误提示方面，在签转退票方面，都得不到应有的服务，出现问题以后，由于无法知道准确的代理企业信息，没有办法进行投诉，往往只能自行承担损失。

3．竞价平台对于代理人的优劣势分析

（1）优势。对一些大型代理企业而言，通过竞价平台销售，可以在较短时间内快速扩张规模，完成航空公司销售任务和比例，以获取更好的代理费政策。对一些中小代理企业来说，竞价平台上大型代理企业投放的代理费政策往往比航空公司给其自身的要优厚得多，客观上帮助其提高了利润水平。

（2）劣势。首先，造成代理企业间的无序恶性竞争。为了获取更好的代理政策和返点，完成航空公司规定的任务量和比例，不少代理企业将航空公司给予的代理政策全部放在竞价平台上，有的甚至将还没有拿到手的奖励也放出去，以此吸引采购商进行采购。代理企业一方面为了抢占市场份额，获取更高的代理费点数而放弃利润；另一方面，为了生存发展，保住现有的高代理费水平，又去追求更高的市场份额满足

航空公司的要求，这已经成为部分代理企业的一个死循环。其次，削弱了正规代理企业的竞争力和服务水平。机票竞价平台给那些内部管理水平不高，市场营销能力不强的代理企业提供了便利通道，只要敢于放高返点政策，全国的售票代理人都会帮助卖票，往往在短时间内造成销售额突飞猛进的情形。这就导致代理企业没有把精力放在企业经营管理、拓展客户渠道、以服务来吸引客户的市场营销管理上，造成企业经营管理和服务水平的严重下降。最后，代理企业面临着巨大的违约风险。对供应商代理企业来说，面向全国的竞价平台销售能帮助其快速获取市场份额，但是无法保证其采购商对消费的销售行为的正规性，被消费者投诉到相关管理部门，面临着较大的政策风险。

（四）以去哪儿网、酷讯网等为代表的垂直搜索引擎模式

垂直搜索引擎是针对电子商务的专业化采购产品而设计的，其主要功能是采集、整理和挖掘海量的在线商品信息和商家信息，向消费者在线提供精准的挑选商品和选择商家等功能。例如：把不同家网站的相同产品综合比较，包括价格比较和用户客观评论比较，最终得到性价比最高的产品。网络爬虫技术是实现垂直搜索比价的关键，框架技术的应用为系统提供了一个灵活、清晰、可伸缩、易维护的体系结构。比价关键因素在此是指对消费者进行购物比价时具有指导意义的关键因素，主要包括商品价格、商品质量、商家信誉、服务质量等。

去哪儿网和酷讯网就是机票销售领域知名的垂直搜索引擎，消费者进入其界面，输入出发和到达城市、出行时间，进行有针对性的搜索，系统就会按照消费者的自定义排序，将相关搜索结果进行呈现。消费者选择好符合自己需求的机票后，通过网页跳转，进入机票真实销售商的网站，完成相关购票操作。

四、移动终端销售模式介绍

截至 2012 年，全球移动互联网用户首次超过 PC 互联网用户。不难预测，机票销售现在的主流是互联网销售渠道，未来的主流是移动终端销售。机票同酒店、邮轮、旅游、会展、租车等综合旅游类其他细分市场产品相比，是业内公认的最容易被标准化的产品。随着众多航空机票销售应用软件的上线，腾讯微信产品的功能日益强大，移动终端给机票销售线上交易模式提供了全新的承接载体。曾有业内人士指出，机票信息可以完整地呈现在智能手机的一页屏幕上，这注定了它终究要通过智能手机销售的未来。随着移动互联网技术的日臻完善，用户通过智能手机购买机票将成为移动电子商务最容易实现的在线应用项目。

自我检测

（1）简要描述我国民航运价的发展历史。

（2）能识别纸质国内客票票面信息。

（3）简要描述国内客票使用的一般规定。

（4）简要描述特殊旅客的定义及其分类。

（5）简要描述无成人陪伴儿童购票规定。

（6）能识别电子国内客票票面信息。

（7）能根据不同国内航空公司的退改签政策完成相关业务。

（8）简要描述国内客票销售渠道及其各自特征。

学习单元四　民航国内客票销售系统

学习目标

（1）掌握分销系统控制指令。
（2）掌握航班信息查询指令。
（3）掌握建立旅客订座信息记录步骤。
（4）掌握分销系统自动出票步骤。
（5）了解开账与结算计划基本情况。
（6）了解环球分销系统基本情况。

学习内容

（1）民航客票销售系统控制指令及格式。
（2）民航客票销售系统航班信息查询指令及格式。
（3）民航客票销售系统建立旅客订座信息记录步骤及示例。
（4）民航客票销售系统分销系统自动出票步骤及示例。
（5）国际航协开账与结算计划基本情况介绍。
（6）环球分销系统基本情况介绍。

第一节　民航代理人分销系统

民航代理人分销系统，即中国民航计算机订座系统是航空及相关旅游产品的分销系统，主要为国际航协认可客运代理人及航空公司销售使用。中国民航计算机订座系统通过与全球多家航空公司控制系统连接，为客运销售代理人提供国内外数百家航空公司的航班信息、座位预订及销售体系。其开账与结算计划（BSP）自动出票系统在衔接代理人同航空公司之间关系的同时，亦保证了代理人与航空公司双方的利益。

中国民航计算机订座系统需掌握的常用功能列表如下：

（1）国内及国际航班时刻查询及相应航班座位可利用情况。
（2）国内及国际航空运价查询。
（3）旅客信息记录的生成。
（4）机上座位预订。

（5）客票信息的查看。

（6）BSP 中性客票的销售。

（7）BSP 中性客票的销售统计、作废及退票。

（8）行程单打印。

一、分销系统控制指令

分销系统终端接通后，便可以进入系统，完成航班信息查询和座位销售等功能。

输入：> $ $OPEN TIPC3

输出：SESSION PATH OPEN TO:TIPC3

已经进入民航代理人分销系统。

1. 查看工作号及配置号（指令名称：DA）

（1）指令格式：>DA:

（2）指令举例：

输入：>DA:

输出：

```
A    AVAIL
B    AVAIL
C    AVAIL
D    AVAIL
E    AVAIL
PID = 20200      HARDCOPY = 1112
TIME = 1022      DATE = 02JUL          HOST = LILY
AIRLINE = 1E     SYSTEM = CAAC09       APPLICATION = 3
```

注意：用户在日常工作中，应明确“DA”显示结果中的“PID”信息，这是配置在系统中的唯一识别代号。当终端不能工作时，维护人员经常要问到终端的“PID”号码，以便排除故障。

2. 输入工作号（指令名称：SI）

（1）指令格式：>SI:工作号/密码/级别

（2）指令举例：

输入：>SI:22222/9888C/41

输出：CAN111 SIGNED IN A

使用“DA”指令查询状态显示为：

```
A*   22222   02JUL   1022    41   CAN111
B    AVAIL
C    AVAIL
D    AVAIL
E    AVAIL
```

```
PID =20200        HARDCOPY =1112
TIME =1022        DATE =02JUL           HOST =LILY
AIRLINE =1E       SYSTEM =CAAC09        APPLICATION =3
```

（3）出错信息提示说明：

PROT SET——密码输入错误；

USER GRP——级别输入错误；

PLEASE SIGN IN FIRST——先输入工作号，再进行查询。

3. 密码修改（指令名称：AN）

（1）指令格式：>AN：旧密码/新密码

（2）密码修改步骤：

① 进入系统，输入工作号（使用旧密码）；

② 用 AN 指令修改密码；

③ 退出系统；

④ 重新进入系统（使用新密码）。

（3）指令举例：工作号为 22222，旧密码为 9887C，想改新密码为 1234B。

```
>SI:22222/9887C/41
>AN:9887C/1234B
>SO
>SI:22222/1234B
```

使用“DA”指令查询状态显示为：

```
A*  22222   02JUL   1022     41   CAN111
B   AVAIL
C   AVAIL
D   AVAIL
E   AVAIL
PID =20200        HARDCOPY =1112
TIME =1022        DATE =02JUL           HOST =LILY
AIRLINE =1E       SYSTEM =CAAC09        APPLICATION =3
```

4. 临时退出系统（指令名称：AO）

（1）指令格式：>AO

（2）指令举例：

使用“AO”指令前用“DA”查配置状态显示为：

```
A*  22222   02JUL   1022     41   CAN111
B   AVAIL
C   AVAIL
D   AVAIL
E   AVAIL
```

```
PID =20200       HARDCOPY =1112
TIME =1022       DATE =02JUL          HOST =LILY
AIRLINE =1E      SYSTEM =CAAC09       APPLICATION =3
```

使用"AO"指令后用"DA"查配置状态显示为:

```
A   22222   02JUL   1022    41   CAN111
B   AVAIL
C   AVAIL
D   AVAIL
E   AVAIL
PID =20200       HARDCOPY =1112
TIME =1022       DATE =02JUL          HOST =LUCY
AIRLINE =1E      SYSTEM =CAAC09       APPLICATION =3
```

可见,发现输入"AO"以后,A 工作区的占用标识"＊"已经消失,这说明输入"AO"后,A 工作区已由正常使用状态变为非正常使用状态(即不可使用状态)。此时虽然工作号仍然可以在 DA 显示后看见,但是不能进行任何操作,如进行航班查询等工作时,系统将显示"PLEASE SIGN IN FIRST",需要工作人员重新进入系统,一般该指令用于非下班时间的临时离开。

5. 恢复临时退出(指令名称:AI)

(1) 指令格式:>AI:工作区/工作号/密码

(2) 指令举例:

输入:>AI:A/22222/1234B

输出:AGENT A - IN

使用"AI"指令前用"DA"查配置状态显示为:

```
A   22222   02JUL   1022    41   CAN111
B   AVAIL
C   AVAIL
D   AVAIL
E   AVAIL
PID =20200       HARDCOPY =1112
TIME =1022       DATE =02JUL          HOST =LILY
AIRLINE =1E      SYSTEM =CAAC09       APPLICATION =3
```

使用"AI"指令后用"DA"查配置状态显示为:

```
A*  22222   02JUL   0854    41   CAN111
B   AVAIL
C   AVAIL
D   AVAIL
E   AVAIL
```

```
PID =20200      HARDCOPY =1112
TIME =1022      DATE =02JUL         HOST =LILY
AIRLINE =1E     SYSTEM =CAAC09      APPLICATION =3
```

6. 退出系统(指令名称:SO)

(1) 指令格式:>SO:

(2) 指令举例:

输入:>SO

输出:CAN111 22222 SIGNED OUT A

使用“DA”指令查询状态显示为:

```
A   AVAIL
B   AVAIL
C   AVAIL
D   AVAIL
E   AVAIL
PID =20200      HARDCOPY =1112
TIME =1022      DATE =02JUL         HOST =LILY
AIRLINE =1E     SYSTEM =CAAC09      APPLICATION =3
```

(3) 出错信息提示说明:

PENDING——有未完成的旅客订座 PNR,在退号前必须完成或放弃它;

TICKET PRINTER IN USE——未退出打票机的控制,退出后即可;

QUEUE PENDING——未处理完信箱中的 QUEUE 信息,退出后即可;

PROFILE PENDING——未处理完常旅客的订座,PSS:ALL 处理。

7. 工作号、终端号和部门代号简介

在民航代理人分销系统中,中国航信的计算机系统需要把代理人的相关信息建立在其主机中,通过部门代号(Office Code)来管理,通常还包括:终端 PID 号码、打票机号码、工作人员号码和代理人得到的所有授权航空公司的信息等。

一个代理人通常有一个部门代号,例如 CAN777,SHA182。

一个部门中可以有多台终端,而每一台终端只能属于一个部门。

同一个部门中的终端可以共享打票机。

每台终端或打票机都有唯一的一个 PID 号码。

每个工作号包括密码、等级等内容,一般在系统中营业员的工作号级别都被设置为 41 级。

每个工作号只能在自己部门中使用。

二、航班信息查询指令

(一) 航班可利用情况查询(指令名称:AV)

(1) 指令格式:>AV:显示参数/城市对/指定日期/限制条件

（2）指令解释。

① 显示参数：可组合使用，A——按照到达时间先后顺序排列；E——按飞行时间排列；H——完整显示所有舱位信息；若不选，则系统默认为按照起飞先后顺序排列。

② 城市对：出发地、目的地。

③ 指定日期：出发日期。“ + ”表示明天；省略表示今天。

④ 限制条件：可指定时间或承运人。

（3）指令举例：

输入：>AV:PEKCAN/02JUL

输出：AV PEKCAN/02JUL

```
02JUL(WED) BJSCAN
1 -  *SC1351    PEKCAN 0800 1115   330 0^B   E   DS# FA YA BA HA KA LA QS VS SA US *
2    *OS8009    PEKCAN 0800 1115   330 0B    E   DS# YA BA MA UA HA GA QL VL WL SL *
3    *ZH1351    PEKCAN 0800 1115   330 0^B   E   DS# FA YA BA MA HA KA LA QS GS SA *
4    CA1351     PEKCAN 0800 1115   330 0^B   E   DS# FA AS YA BA MA HA KA LA QS GS *
5    CZ3108     PEKCAN 0830 1145   77A 0^C   E   DS# FA AX PA CX DX IX JX WA ZQ YA *
6    HU7805     PEKCAN 0840 1200   738 0^    E   DS# FA PQ AQ YA BQ HQ KQ LQ MQ QQ *
 **   PLEASE CHECK YI:CZ/TZ144 FOR ET SELF SERVICES CHECK - IN KIO
```

（4）输出内容解读：

02JUL(WED) BJSCAN——出发日期（星期显示），出发地、目的地；

1 — 航班序号；

* — 代码共享航班；

SC1351 — 航班号；

PEKCAN — 航段信息；

0800　1115 — 起飞时间，降落时间；

330 — 机型；

0 — 无经停点；

^ — 已开通机上座位预订功能；

B — 餐食标识；

E — 销售电子客票航班标识；

DS# — 航空公司与航信系统的连接级别；

FA YA BA HA KA LA QS VS SA US — 航班的各舱位及其剩余座位数；

* — 有未显示完整的舱位信息。

剩余座位情况代号：

A — 可以提供9个以上座位；

1 ~9 — 可以提供1 ~9 个座位，系统显示具体的可利用座位数；

L — 没有可利用座位，但旅客可以候补；

Q — 永久申请状态，没有可利用座位，但可以申请（HN）；

S — 因达到限制销售数而没有可利用座位,但可以候补;

C — 该等级彻底关闭,不允许候补或申请;

X — 该等级取消,不允许候补或申请;

Z — 座位可利用情况不明。

(5) 指令练习1:显示明天北京到广州的国航航班座位可利用情况。

指令输入:>AV:PEKCAN/ +/CA

指令输出:03JUL(THU) PEKCAN VIA CA

```
1 -  CA1321  PEKCAN 0900  1200  772 0 M  DS# CA DA YA SA BA HA KA LA MA NA *
2    CA1315  PEKCAN 1130  1430  733 0 M  DS# FA YA SA BA HA KA LA MA NA QA *
3    CA1301  PEKCAN 1450  1740  74E 0^M  DS# FA CA DS YA SA BA HA KA LA MA *
4 +  CA1339  PEKCAN 1735  2030  340 0 M  DS# FA CA DA YA SA BA HA KA LA MA *
**   CZ HAS SPECIAL FARE,PLEASE SEE GI/YI:CZ/FARE1
```

(6) 指令练习2:显示明天上午11点以后北京到广州航班座位可利用情况。

指令输入:>AV:PEKCAN/ +/1100

指令输出:03JUL(THU) PEKCAN

```
1 -  CZ3162  PEKCAN 1105  1405  320 0 M  DS# CA DQ JS YA TA KA HA MA GA SQ *
2    CA1315  PEKCAN 1130  1430  733 0 M  DS# FA YA SA BA HA KA LA MA NA QA *
3    LH2928  PEKCAN 1130  1430  EQV 0    DS * FZ AZ CZ DZ YZ BZ MZ HZ QZ VZ *
4    CZ3102  PEKCAN 1205  1500  777 0 M  DS# CA DQ JA YA TA KA HA MA GA SA *
5    CZ3106  PEKCAN 1305  1600  757 0 M  DS# CA DQ JS YA TA KA HA MA GA SA *
6    CZ346   PEKCAN 1345  1645  77B 0 M  AS# CA DQ JA WA OA NA YA TA KA HA *
7 +  XW871   PEKCAN 1425  1730  737 0 M  DS# FA YA IQ DQ EA KA LA NA RA V1 *
**   CZ HAS SPECIAL FARE,PLEASE SEE GI/YI:CZ/FARE1
```

(7) 指令练习3:显示明天上午11点以后北京到成都的国航航班座位可利用情况。

指令输入:>AV:PEKCTU/ +/1100/CA

指令输出:03JUL(THU) PEKCTU VIA CA

```
1 -  CA1315  PEKCTU 1130  1430  733 0 M  DS# FA YA SA BA HA KA LA MA NA QA *
2    CA1301  PEKCTU 1450  1740  74E 0^M  DS# FA CA DS YA SA BA HA KA LA MA *
3 +  CA1339  PEKCTU 1735  2030  340 0 M  DS# FA CA DA YA SA BA HA KA LA MA *
**   CZ HAS SPECIAL FARE,PLEASE SEE GI/YI:CZ/FARE1
```

(二) 国内航空公司航班飞行情况查询(指令名称:FF)

(1) 指令格式:>FF: 航班号/日期

(2) 指令解释:FF功能用于查询航班的经停城市、起降时间和机型。

(3) 指令举例:查询14JUN的CA929航班。

指令输入:>FF:CA929/02JUL

指令输出:FF:CA929/02JUL14

```
PEK         1240  767
SHA  1350   1550
SFO  1320
```

（三）国际航空公司航班飞行情况查询（指令名称：IT）

（1）指令格式：>IT：航班号/日期

（2）指令解释：IT 功能用于查询国外航空公司航班的经停城市、起降时间和机型。

（3）指令举例：查询 02JUL 的 UA888 航班。

指令输入：>IT:UA888/02JUL

指令输出：IT:UA888/02JUL14

```
PEK             1330     767
SFO    1830+1   2140+1   733     14:00 FLYING TIME
NYC    2355+1                    02:15 FLYING TIME
```

（四）航班飞行情况查询（指令名称：DSG）

（1）指令格式：>DSG：C/航班号/日期

（2）指令解释：DSG 查看除座位可利用情况外的其他数据，例如航班的起飞降落城市、起飞降落时间、航班的空中飞行时间、航班的空中飞行距离、经停点数、航班机型、餐食等信息。

（3）指令举例：

指令输入：>DSG:C/CA1343/02JUL

指令输出：CA1343 Y(THU)02JUL PEK 0755 733 S 0 0

1020 CSX ELAPSED TIME 2:25 DIST 0M

（五）航站楼情况查询（指令名称：ADTN）

（1）指令格式：>ADTN:D/航空公司/城市代码

（2）指令举例：

指令输入：>ADTN:D/MU/PEK

指令输出：ADTN:D/MU/PEK

```
MU/PEK/T-T2,T2
MU/PEK/F-8735,8740,0, /T-T3,T3
MU/PEK/F-8901,8901,0, /T-T3,T3
MU/PEK/F-8714,8715,0, /T-T3,T3
MU/PEK/F-8720,8721,0, /T-T3,T3
```

（六）航班班期情况查询（指令名称：SK）

（1）指令格式：>SK:选择项/城市对/日期/时间/航空公司代码/舱位

（2）指令解释：SK 指令可以查询一城市对在特定周期内所有航班的信息，包括航班号、出发到达时间、舱位、机型、周期和有效期限。

（3）指令举例：显示 02JUL 前后三天北京到上海国航的航班。

指令输入：>SK:PEKSHA/02JUL/CA

指令输出：29JUN14(SUN)/05JUL(SAT) PEKSHA VIA CA

```
1  CA1577A PEKSHA 0700  0855  767 0 M  6    08JUN18JUN CDZYSBHKLM   *
```

```
2  CA1935  PEKPVG 0740 0940 JET 0 M X15  01JUN15JUN FCDYSBHKLM*
3  CA155   PEKSHA 0745 0950 767 0 M 3    05JUN12JUN CDYSBHKLMN*
4  CA155   PEKSHA 0745 0950 763 0 M 7    09JUN09JUN FCDYSBHKLM*
5  CA1915  PEKPVG 0800 1000 763 0 M 4    13JUN13JUN FCDYSBHKLM*
6 +CA1501  PEKSHA 0840 1035 772 0 M 67   08JUN16JUN CDYSBHKLMN*
**   NOTE:CA3 *** OPERATED BY FM & FM9 *** OPERATED BY CA
```

三、建立旅客订座信息记录

旅客订座信息记录(Passenger Name Record,PNR)。代理人通过 PNR 完成订座步骤,通过 PNR 告知航空公司旅客的相关信息,包括航程、日期、舱位、座位数及特殊需求等。PNR 生效后,系统会给出一个记录编号,订座人员可以通过提取该记录编号来查看或修改旅客的订座信息。

(一)旅客姓名项(指令名称:NM)

(1)指令格式:>NM:1 英文姓/英文名 1 英文姓/英文名 ··1 中文姓名

(2)指令解释:NM 姓名项是 PNR 最基本的记录构成。订位时,一般首先要在订单中输入的是客人的姓名。

九人(含九人)以下的订座,称为散客,订单中的旅客要一次性输入全部姓名;

英文姓和名中间一定要加入“/”,中文姓名则不需要。

(3)指令举例 1:输入一名旅客中文姓名。

指令输入:>NM:1 陈家颖

指令输出:1.陈家颖

2. BJS/T PEK/T-84018401/CACI HELPDESK

3. PEK099

输出释义:

序号 1:订单中行号 1 姓名为陈家颖;

序号 2:订座单位的联系组,系统根据单位配置设置,在订单中自动加入;

序号 3:订座单位,即责任组。

(4)指令举例 2:输入多名旅客姓名。

指令输入:>NM:1 陈家颖 1WU/HAIYAN

指令输出:2.WU/HAIYAN 1. 陈家颖

3. BJS/T PEK/T-84018401/CACI HELPDESK

4. PEK099

输出释义:序号 1、2,名字在输入后会以先字母后汉字的顺序排列。

(5)指令举例 3:输入字母同姓旅客。

指令输入:>NM:2WU/HAIYAN/HAIFEN

指令输出:1.WU/HAIYAN 2. WU/HAIFEN

3. BJS/T PEK/T-84018401/CACI HELPDESK

4．PEK099

（6）指令举例4:输入儿童姓名。

指令输入:>NM:1CAO/HAOZHE CHD

（7）指令举例5:输入婴儿姓名。

指令输入:>NM:1GUO/YU

>XN:IN/QI/MIAOJIA INF(SEP13)/P1

注意:姓名组由英文字母或汉字组成。英文姓名间由"/"分隔,每个旅客姓名中只能有一个"/",中文姓名间无"/"。名字的长度最长不得超过29个字符。

（二）航段项(指令名称:SD/SS/SA/SN)

1. 直接建立航段组(指令名称:SS)

（1）指令格式:>SS:航班号/航位/日期/航段/行动代码/座数/起飞时间/到达时间

（2）指令举例:>SS: CA1351/Y/+/PEKCAN/NN1

2. 查看航班信息后,建立航段组(指令名称:SD)

（1）指令格式:>SD:航班序号/航位/行动代码/座数(需要先用AV指令查询航班)

（2）指令举例:

指令输入:>AV PEKSHE/14JUN

指令输出:14JUN(FRI) PEKSHE

1 - CA984 PEKSHE 0740 0900 763 0^S E DS# FA PS AS CA D4 JS Z2 YA BA HA *

2 HU7117 PEKSHE 0755 0905 734 0^ E DS# FA C3 AS YA BA HA KA LA MA NA *

3 CZ6116 PEKSHE 0900 1010 M90 0^ DS# FA A6 P4 R2 YA TA KA HA MA GA *

4 CA1651 PEKSHE 0950 1105 733 0^S E DS# F6 A2 YA SA BA HS KS LS MS NS *

指令输入:>SD 1Y1

指令输出:

1．CA984 Y FR08APR PEKSHE DK1 0740 0900 763 S 0 R E

2．BJS/T PEK/T 010 - 65243388 - 3105/CHINA CYTS TOURS CO.,LTD/YUAN QINGHAI

3．BJS180

3. 建立地面运输段(指令名称:SA)

指令格式:SA:日期/城市对

4. 建立不定期航段(指令名称:SN)

指令格式:SN:航空公司代码/舱位/城市对

（三）联系组项（指令名称：CT）

1．代理人联系组（订座时由系统自动生成的）

指令举例：BJS/ T BJS/ T 010 – 12345678/ PEK LAN TIAN XIANG YUN AVATION SERVICE CENTRE/ LIU YUE ABCDEFG

2．旅客联系组（指令名称：CT）

（1）指令格式：>CT：城市编码/旅客联系信息

（2）指令举例：>CT：CAN/020 – 12345678

（四）出票情况项（指令名称：TK）

（1）指令格式：>TK：TL/时间/日期/出票部门（出票时限的输入）

（2）指令举例：>TK：TL/1200/02JUL/CAN777

注意：如果代理人没有手工输入出票时限，系统将根据第一段的出发时间自动生成 TK：TL 项，无需代理人手工输入，一次性封口的航班除外。

（五）订单生成项（指令名称：@或\）

指令格式：>@　或　>\强行封口：

指令格式 1：>@K（行动代码处有闪烁光标或航空公司改动过记录时使用）

指令格式 2：>@I（航段不连续时使用）

四、分销系统自动出票操作

（一）备注信息项（指令名称：RMK）

指令格式 1：>RMK TJ AUTH CAN777

指令格式 2：>RMK 自由文本（最多可以输入 76 个字符，内容可中英文混合输入）

（二）备注申请项（指令名称：SSR）

（1）身份信息指令格式：>SSR FOID Airline – Code HK/NI 证件号码/Pn

指令举例：>SSR FOID CA HK/NI110108200306016012/P1

特殊餐食指令举例 1：>SSR：VGML CA NN1 PEKFRA 931 Y14JUN/P1

特殊餐食指令举例 2：>SSR：VGML CA NN1/P1/S4（4 为 PNR 中航段前对应的序号）

（2）常旅客指令格式：>SSR：FQTV CA HK/CA 卡号（正式卡）/P1（常旅客卡号的输入）

指令举例：>SSR：FQTV CA HK/CA 115679362/P1

（三）备注说明项（指令名称：OSI）

指令格式：>OSI：航空公司两字代码　自由文本/P#

（四）机上预留座位项（指令名称：ASR）

预留座位流程如下：

（1）用 AV 指令查航班，ASR 航班在 AV 显示的时候有一个“^”标识。

（2）为旅客建立基础 PNR 信息，必须包括姓名组航段组（所订航班必须是 ASR 航班）。

（3）要确认航段后面有“R”标识才可以使用该功能。

(4) 使用ADM指令,查看该ASR航班的座位图。

(5) 使用ASR指令对ADM提供的座位中标记为“ * ”号的座位,为旅客进行机上座位的预订。

(6) 旅客的订座记录中会自动加入SSR SEAT项,以及营业员为旅客预订的座位号。

(五) 票价组(指令名称:FN)

(1) 指令格式:>FN

(2) 指令举例:

指令输入:FN:FCNY900.00/SCNY900.00/C3.00/TCNY50.00CN/TCNY100.00YQ

指令输出:FN/FCNY900.00/SCNY900.00/C3.00/XCNY200.00/TCNY50.00CN/TCNY150.00YQ/ACNY1100.00

(3) 注意:

① FN中的SCNY项(实收票价)中的价格不能超过FCNY项(公布票价)中的价格,否则显示AMOUNT。

② FN中现可输入一千万元以下票款,税款可输入十万元以下。

③ CN税一般是固定的,儿童和婴儿免收;YQ税是随国家政策调整的,成人与儿童的定价不同,婴儿免收。

(六) 票价计算组(指令名称:FC)

1. 单程全价客票

PNR中:1.CZ6802 Y WED02JUL SHASHE DK2 1555 1735

2.BJS187

指令输入:>FC:SHA CZ SHE 1680.00Y CNY1680.00END

2. 往返全价客票

PNR中:1. CZ182 Y WED02JUL PEKHAK HK1 1205 1535

2. CZ181 F FRI04JUL HAKPEK HK1 0800 1120

指令输入:>FC: PEK CZ HAK 2130.00Y CZ PEK 4050.00F CNY6180.00END

3. 折扣票价

PNR中:1.CA1182 K WED02JUL PEKHAK RR1 1205 1535

2.CA1181 K FRI04JUL HAKPEK RR1 0800 1120

指令输入:>FC: PEK CA HAK 1920.00K CA PEK 1920.00K CNY3840.00END

注意:FC中应输入折扣后票价。

(七) 付款方式(指令名称:FP)

指令格式1:>FP:CASH,CNY　　指令解释:付款方式为现金,人民币。

指令格式2:>FP:CHECK,CNY　　指令解释:付款方式为支票,人民币。

指令格式3:>FP:IN/CASH,CNY　　指令解释:婴儿票FP项。

(八) 签注信息(指令名称:EI)

指令格式1:>EI:NONEND NONREF

指令格式2: >EI:BUDEQUANZHUAN

指令格式3: >EI:不得签转

注意:输入的内容不应超过58个字符,第29个字符应空出。

(九) 自动生成运价指令(指令名称PAT)

指令格式1: >PAT:A＊CH　指令解释:自动计算儿童运价。

指令格式2: >PAT:A＊IN　指令解释:自动计算婴儿运价。

指令格式3: >PAT:　指令解释:自动计算成人运价。

(十) 旅游信息(指令名称:TC)

指令格式: >TC　F/ 自由文本(按航空公司指定内容输入)

注意:输入内容不要超过12个字符。

(十一) 出票指令(指令名称:ETDZ)

指令格式1: >ETDZ:1　指令解释: >ETDZ:打票机序号。

指令格式2: >ETDZ:1/P1,INF　指令解释: >ETDZ:1/P1,婴儿标识。

指令格式3: >ETDZ:1/P1,ADL　指令解释: >ETDZ:1/P1,成人标识。

指令格式4: >ETDZ:1/P1/P3/P　指令解释:选择打印。

1. 预先订妥座位出票流程

(1) 提取订座记录。

>RT:M42T11

1.陈家亮 2.吴燕 3.杨晨

4.CA1302 Y　WE02JUL　CANPEK HK3　1200 1445

5 BJS/T BJS/T ASDFGHJKLASDFGJK

6.PEK/010 -12345678

7.TL/1200/30JUN/BJS158

8.SSR FOID CA HK1 NI110108197906133712/P1

9.SSR FOID CA HK1 NI110102197405182518/P2

10.SSR FOID CA HK1 NI110102197405177515/P3

11.BJS158

(2) 出票操作:

>4RR

>XE7

>FP:CASH,CNY

>FN:FCNY1360.00/SCNY1360.00/C3.00/TCNY50.00CN/TCNY150.00YQ

>FC:CAN CA PEK 1360.00Y CNY1360.00END

>ETDZ:1

2. 直接出票流程

(1) 显示当前建立的出票PNR(没有封过口)。

>RT

1 . WANG/ANAN

2 . MU7382 Y WE02JUL PEKHAK DR1 0820 1150 738 0 E

3 . BJS/T BJS/T ADFASGDSFASGDG

4 . PEK/010 -12345678

5 . FC/PEK MU HAK 2130 .00Y CNY2130 .00END

6 . SSR FOID MU HK1 NI110107198707082990/P1

7 . FN/FCNY2130 .00/SCNY2130 .00/C3 .00/XCNY200 .00/TCNY50 .00CN/TC-NY150 .00YQ/ACNY2330 .00

8 . FP/CASH,CNY

9 . PEK099

(2) 直接出票:

>ETDZ:3

(3) 结果显示:

CNY2330 .00   QSW056

ET PROCESSING... PLEASE WAIT!

ELECTRONIC TICKET ISSUED

注意:ETDZ时显示"DEVICE -01 OOS",OOS的含义是OUT OF STOCK,即输入打票机内的票号使用完了,此时应输入新的票号范围;ETDZ时显示"SSR FOID ELEMENT MISSING",其含义是PNR中没有输入旅客身份信息,即需要输入"SSR FOID …"。

3. 出票后旅客订座记录变化

(1) PNR增加:票号组(T, SSR TKNE, TN, ** ELECTRONIC TICKET PNR **)。
PNR缺少:FC EI TC进入历史部分。

(2) 旅客出票记录案例:

** ELECTRONIC TICKET PNR **

1 . 王晓 P150MK

2 . MU1355 Y SA13FEB PEKHAK RR1 0740 1125

3 . BJS/T PEK/T 010 -12345678/BEIJING BRANCH

4 . PEK/010 -86896096

5 . T

6 . SSR TKNE MU HK1 PEKHAK 1355 Y13FEB 7811698057717/1/P1

7 . RMK CA/KC4FN

8 . SSR FOID MU HK/NI110105740215658/P1

9 . FN/FCNY2130 .00/SCNY2130 .00/C3 .00/XCNY200 .00/TCNY50 .00CN/TC-NY150 .00YQ/ACNY2330 .00

10 . TN/784 -6091708068/P1

11 .FP/CASH,CNY

12 .BJS158

注意：当客票 ETDZ 后，应用 DETR 提取票面状态；用 TSL 查看当天销售报表。

(3) 电子客票的票面提取方式有以下几种：

方法 1：DETR：TN/13 位票号

方法 2：DETR：NI/身份信息

方法 3：DETR：NM/旅客姓名

方法 4：DETR：CN/记录编号

(4) 电子客票状态说明：

OPEN FOR USE——客票有效；

VOID—已作废；

REFUNDED—已退票；

CHECK IN—正在办理登机；

USED/FLOWN—客票已使用；

SUSPENDED——挂起状态，客票不能使用；

LIFT/BOARDED——过渡状态(登机)；

EXCHANGE——客票换开。

(5) 信息保存时限：OPEN　FOR　USE 状态的客票将在代理人系统中保留一年，其他状态的电子客票记录在代理人系统中保留期限为一个月。

4. 出票失败

(1) 指令输入：>ETDZ:3

(2) 指令显示：CNY1110.00　　PF00S

ET PROCESSING...PLEASE WAIT!!

提取记录显示如下：

ELECTRONIC TICKET PNR

1. GUO/YU BT60L9

2. MU563　B　FR04JUL　PEKPVG RR1　1910 2120　　　E T2T1

3. MU586　M　SU06JUL　PVGPEK RR1　2115 2320　　　E T1T2

4. BJS/ T BJS/ T 010 - 65221188 - 6510/ GAOHANG AVATION PASSENGER CARGO SERVICE

5. BJS/01065862255

6. T

7. SSR FOID MU HK1 NI112316375/P1

8. SSR ADTK 1E BY BJS04JUL08/1354 OR CXL MU 563 B04JUL

9. SSR TKNE MU HN1 PEKPVG 563 B04JUL 7813111419594/1/P1

10. SSR TKNE MU HN1 PVGPEK 586 M06JUL 7813111419594/2/P1

11. RMK CA/BT60L9

12. FN/FCNY1810.00/SCNY1810.00/C3.00/XCNY400.00/TCNY100.00CN/TC-NY300.00YQ/ACNY2210.00

13.TN/781-1234568379/P1

14.FP/CASH,CNY

15.BJS544

5. 客票需再次打印

** ELECTRONIC TICKET PNR **

1. GUO/YUE TV2ESK

2. MU563 B FR04JUL PEKPVG RR1 1910 2120 E T2T1

3. MU586 M SU06JUL PVGPEK RR1 2115 2320 E T1T2

4. BJS/T BJS/T 010-65221188-6510/AVATION PASSENGER SERVICE

5. BJS/01065862255

6. T

7. SSR FOID MU HK1 NI110102198711236375/P1

8. SSR ADTK 1E BY BJS04JUL08/1354 OR CXL MU 563 B04JUL

9. SSR TKNE MU HK1 PEKPVG 563 B04JUL 7813111419594/1/P1

10.SSR TKNE MU HK1 PVGPEK 586 M06JUL 7813111419594/2/P1

11.RMK CA/TVE2SK

12.FN/FCNY1810.00/SCNY1810.00/C3.00/XCNY400.00/TCNY100.00CN/TC-NY300.00YQ/ACNY2210.00

13.TN/781-3111419594/P1

14.FP/CASH,CNY

15.BJS528

输入指令:>XE6/9/10/13

>FC PEK MU PVG 1020.00B MU PEK 790.00M CNY1810.00END

>EI 不得签转 改期收费

>ETDZ:1

输出显示:CNY 2210.00 TV2ESK

ET PROCESSING... PLEASE WAIT!

ELECTRONIC TICKET ISSUED

注意:一本客票打印完后,PNR 中一些项,如 FC、EI 会进入 PNR 的历史部分,再次打印时应注意添加这些项。

6. 出票 PNR 举例

(1) 单人单程实例:旅客购买 7 月 2 日北京—上海 CA1501 航班经济舱全票价机票一张,票价 1130.00。

指令输入:

> AV:PEKSHA/02JUL

>SD:1Y1

>NM:1 杨晨

>CT:PEK/010-12345678

>FN:FCNY1130.00/SCNY1130.00/C3.00/TCNY50.00CN/TCNY150.00YQ

>FC:PEK CA SHA 1130.00Y CNY1130.00END

>FP:CASH,CNY

>SSR FOID CA HK/NI110101196604127643/P1

(2) 单人折扣客票实例:旅客购买12月18日北京—广州南航H舱机票一张,票价1360.00,不得签转。

指令输入:

>NM:1周滢

>AV: PEKCAN/18DEC

>SD:1H1

>CT:PEK/12345678

>FN:FCNY1360.00/SCNY1360.00/C3.00/TNCY50.00CN/TCNY150.00YQ

>FC:PEK CZ CAN 1360.00H CNY1360.00END

>EI:不得签转

>FP:CASH,CNY

>SSR FOID CZ HK/NI110104197803252178/P1

(3) 单人往返客票实例:旅客购买7月2日北京-海口和7月7日海口—北京全价机票一张(如果旅客选择的两个航班是同一个承运人,则可以打印在同一本客票上;若旅客选择的两个航班是不同承运人,应分别打印在两本客票上)。

指令输入:>RT:NZ40BY

输出显示:

1. 陈淳丽　NZ40BY

2. HU7382 Y　WE02JUL　PEKHAK HK1　0800 1140　E T1 -

3. HU7181 Y　MO07JUL　HAKPEK HK1　0800 1125　E -T1

4. BJS/T BJS/T 010-12345678/BTG TKT CO./SHI YU ABCDEFG

5. PEK/12345678

6. TL/1200/29JUN/BJS252

7. SSR ADTK 1E BY PEK02JUL14/1646 OR CXL HU7382 Y07JUL14

8. RMK CA/NZ40BY

9. BJS252

指令输入:

> FN: FCNY4500.00/SCNY4500.00/C3.00/TCNY100.00CN/TCNY300.00YQ

> FC:PEK HU HAK 2250.00Y HU PEK 2250.00Y CNY4500.00END

> FP:CHECK,CNY

> SSR FOID HU HK/NI110107197709236142/P1

(4) 联程客票实例:旅客购买7月2日北京—海口和7月7日海口—上海的机票。

票价:PEKHAK Y 2250.00、HAKSHA Y 1660.00。

指令输入：>RT:NZ40BY

输出显示：

```
1 张文健  NZ40BY
2 HU7382 Y WE02JUL  PEKHAK  HK1 0800  1140   E T1 - -
3 HU7119 Y MO07JUL  HAKPEK HK1 0730  1000    E - - T1
4 CT:BJS/010 -12345678
```

输入指令：

```
> FP:CHECK,CNY
> FN:FCNY3910.00/SCNY3910.00/C3.00/TCNY100.00CN/TCNY300.00YQ
> FC:PEK HU HAK 2250.00Y HU SHA 1660.00Y CNY3910.00END
> SSR FOID HU HK/NI110103195507185652/P1
```

（5）多名旅客在同一 PNR 中的实例：旅客王晓、潘晓影、李娟、Mchel/ Johnson 购买7月2日北京—杭州和7月7日杭州—广州的机票。

指令输入：

```
>NM:1 王晓 1 潘晓影 1 李娟 1MICHEL/JOHNSON
>AV/SD:2M4（去程）
>AV/SD:2M4(回程)
>CT:BJS/010 -85658976
>FN:FCNY1580.00/SCNY1580.00/C3.00/TCNY100.00CN/TCNY300.00YQ
>FC:PEK MU HGH 740.00M MU CAN 840.00M CNY1580.00END
>EI:NON - END
>FP:CASH,CNY
>SSR FOID MU HK/NI110108197510226581/P1
>SSR FOID MU HK/NI110108197510228582/P2
>SSR FOID MU HK/NIG2154625797979/P3
```

注意：应将旅客不同票价及其对应的票价基础输入 FC 中；FN 应输入一个旅客全程票价，与 PNR 人数无关。

（6）成人带儿童实例：一成人和一个儿童（九岁）购买7月2日北京—海口普通舱、7月7日海口—北京头等舱机票。

票价：PEKHAK Y CNY2250.00；HAKSHA F CNY2490.00。

指令输入：

```
>NM:1 郭宇 1 齐妙佳 CHD
>AV/SD:6Y2（去程）
>AV/SD:6F2(回程)
>CT:BJS/010 -12345678
>FP:CHECK,CNY
>FN:FCNY4740.00/SCNY4740.00/C3.00/TCNY100.00CN/TCNY320.00YQ/P1
>FN:FCNY2380.00/SCNY2380.00/C3.00/TEXEMPTCN/TCNY160.00YQ/P2
```

>FC:PEK HU HAK 2250.00Y HU SHA 2490.00F CNY4740.00END/P1

>FC:PEK HU HAK 1130.00YCH HU SHA 1250.00FCH CNY2380.00END/P2

>FP CHSH,CNY

(7) 成人带婴儿实例:一成人和一个婴儿(生于2013年9月)购买2014年7月2日深圳—北京CA航班M舱。

票价:SZX-PEK 1540.00,全价1750.00。

指令输入:

>NM:1郭宇

>AV/SD:1Y1

>CT:PEK/12345678

>FN:FCNY1540.00/SCNY1540.00/C3.00/TCNY50.00CN/TNCY150.00YQ

>FP:CASH,CNY

>FC:SZX CA PEK 1540.00Y CNY1540.00END

>SSR FOID CA HK/NI110103198009227412/P1

>EI:不得签转

>XN:IN/齐妙佳 INF(SEP12)/P1

>FN:IN/FCNY180.00/SCNY180.00/C0.00/TEXEMPTCN/TEXEMPTYQ

>FC:IN/SZX CA PEK 180.00YIN CNY180.00END

>FP:IN/CASH,CNY

注意:可以单独打印婴儿客票,指令为ETDZ:1/ P1,INF;婴儿不占座位,不考虑婴儿座位数;由于婴儿票价及票价计算与成人不同,因此用IN标识特殊指明FC、FN和FP、EI、TC项;OVF/ XN/ IN/ DANFORD/ MAEVEESTHERINF(SEP13) / P1,OVF表示婴儿姓名超长。

五、旅客信息记录修改指令

(一) 订座记录阅读(指令名称:RT\RTC\RTU\RTA)

1. 根据记录编号提取

(1) 指令格式:>RT:××××××

(2) 格式举例:

输入指令:>RT:MES6Q2(只显示本OFFICE的PNR,有授权的情况下除外)

输出显示:>RT MES6Q

```
1.陈家颖 2.SAI/GM 3.吴海燕 MES6Q2
4.CZ6205 Y   WE02JUL   HRBPEK HK3   1800 1940
5.BJS/T PEK/T 010-12345678
6.65881919
7.TL/1800/29JUN14/BJS191
8.RMK CA/MES6Q2
```

9．BJS191

提取其他代理定的旅客记录，需要得到对方的授权，在记录中显示如下：

```
**ELECTRONIC TICKET PNR**
1.杨晨 JNPM7Z
2.MU5199 X    SU08JUL   SHAPEK RR1    2030 2305              E T2T2
3.BJS/T BJS/T 010-68589990/PEK GOLDEN HOLIDAY TRAVEL CO.,LTD/XIAO
  LEI ABCDEFG
4.13810603217
5.T
6.SSR FOID MU HK/NI11010912225618/P1
7.SSR CKIN MU
8.SSR FQTV MU HK1 SHAPEK 5199 X08JUL MU610303562363/P1
9.SSR ADTK 1E BY BJS02JUL12/1753 OR CXL MU5199 X08JUL
10.SSR TKNE MU HK1 SHAPEK 5199 X08JUL 7812027502224/1/P1
11.RMK CA/JNPM7Z
12.RMK TJ AUTH BJS807(授权标识)
13.RMK AUTOMATIC FARE QUOTE
14.FN/A/FCNY570.00/SCNY570.00/C3.00/XCNY180.00/TCNY50.00C
   /TCNY130.00YQ/ACNY750.00
15.TN/781-2027502224/P1
16.FP/CASH,CNY
17.BJS472
```

2. 查看 PNR 历史部分

(1) 指令格式：>RT:C/记录编号或在 RT 提出记录后做 RTC

返回 PNR 的现部分指令格式：>RTA（先做 PF1）

(2) 格式举例：

```
**ELECTRONIC TICKET PNR**
1.陈家颖 2.吴海燕 MEY1M3
3.SC4732 Y    WE02JUL   WNZTAO RR2    1540 1730       E
4.T WNZ/WNZ/T 0577-55555555/WNZ LAI TE AIR SERVICE CO. LTD/ZE
5.T WNZ/NG JIU CHENG
6.B YOP/T 8006 2012/07/03 1315A
7.T
8.SSR FOID SC HK1 NI370783198708214370/P2
9.SSR FOID SC HK1 NI370783198707014414/P1
10.SSR TKNE SC HK1 WNZTAO 4732 Y02JUL 3242335092631/1/P2
11.SSR TKNE SC HK1 WNZTAO 4732 Y02JUL 3242335092630/1/P1
12.SSR OTHS 1E PNR RR AND PRINTED
```

输入指令：>RTC

```
                          **ELECTRONIC TICKET PNR**
008 SDH888 16117 0558 02JUL I
1.陈家颖(001) 2.吴海燕(001) MEY1M3
001  3.SC4732 Y   WE02JUL  WNZTAO RR2   1540 1730       E
         DK(001)  HK(001)  RR(004)
001  4.T WNZ/WNZ/T 0577-55555555/WNZ LAI TE AIR SERVICE CO. LTD/ZE
001  5.T WNZ/NG JIU CHENG
001  6.B YOP/T 8006 2014/08/03 1315A
006  7.T
```

3. 查看历史部分中的第六步操作

指令格式：>RTU6

输入指令：>RTU6

```
001/006 TL/0525/02JUL/BJS180
006/006 FC/A/PEK CA HRB 960.00Y CA PEK 960.00Y CNY1920.00END
006/006 FC/A/PEK CA HRB 480.00YCH50 CA PEK 480.00YCH50 CNY960.00END
          **(CH)//SHIJIAYUCHD/
006/006 EI/GAIQITUIPIAOSHOUFEI 改期退票收费
006/006 EI/GAIQITUIPIAOSHOUFEI 改期退票收费/SHIJIAYU/
006   BJS180 15233 0907 02JUL I
```

（二）航段调整（指令名称：CS）

调整航段顺序指令格式：>CS 航段序号/ 航段序号

格式举例：

```
1.王晓 MWE042
2.ARNK TAOCAN
3.MU5114 F WE02JUL  PEKTAO HK1   1705 1755
4.BJS/T PEK/T 010-67786387/SHUANGGUANG
5.84687097
6.TL/1200/29JUN/BJS296
7.RMK CA/MWE042
8.BJS296
```

输入指令：>CS:3/2

输出显示：

```
1.王晓 MWE042
2.MU5114 F   WE02JUL  PEKTAO HK1   1705 1755
3.ARNK TAOCAN
```

4．BJS/T PEK/T 010－67786387/SHUANGJING AGENCY/WANG ZHI HONG ABC-DEFG

5．84687097

6．TL/1200/29JUN/BJS296

7．RMK CA/MWE042

8．BJS296

（三）订座记录修改（指令名称：SP/XE）

指令举例：现取消显示的第 4 项，并更新为 53650006。

指令输入：>RT MJN430

输出显示：

1．刘佳

2．MU5116 M　WE02JUL　PEKTAO HK1　1945 2055

3．BJS/T PEK/T 010－67786387

4．84019289

5．TL/1200/29JUN/BJS296

6．RMK CA/MJN430

7．BJS296

指令输入：

>XE4

>CT 53650006

>@

再次提取查看，输入指令：>RT MJN430。

输出显示：

1．刘佳

2．MU5116 M　WE02JUL　PEKTAO HK1　1945 2055

3．BJS/T PEK/T 010－67786387

4．53650006

5．TL/1200/29JUN/BJS296

6．RMK CA/MJN430

7．BJS296

（四）还原记录（指令名称：IG）

指令格式：>IG 或 >I

将正在修改的 PNR 还原成上一次封口时的状态。尽管已经做了修改，只要没生效，即没有做封口操作，就可以将 PNR 还原到原始状态。

（五）删除订座记录（指令名称：XEPNR@）

取消完整 PNR，提取记录后，做“ >XEPNR@ ”，记录一旦取消不能恢复。

第二节　开账与结算计划

一、国际航协代理人计划简介

国际航协代理人计划(IATA Agency Programme)是国际航空运输协会在20世纪50年代初创的航空客货销售代理管理系统。其目的是为航空运输业提供一整套高效、可靠、统一、规范的专业化销售清算系统,以此适应航空运输市场不断发展、不断变化的需要。

(一) 国际航协代理人计划的主要服务项目

1. 代理人管理

通过所有国际航协的会员航空公司共同制定的客货销售代理规则,对其认可的代理人进行全球化管理。国际航协根据各地航空运输市场的具体特点,定期对这些规定进行修改,以此来适应不同时期、不同国家或地区的个性化需要。

2. 代理人资格审定

根据国际航协的所有会员航空公司共同制定的标准,对申请成为国际航协认可代理人的企业进行财务、人员、营业地点等方面的审查、认可并颁发有关的资格证书。

3. 销售结算系统

开账与结算计划(Billing and Settlement Plan,BSP)和货运结算系统(Cargo Account Settlement Systems,CASS)是国际航协根据航空运输代理行业的切实需要而建立的,供航空公司和其认可代理人之间使用的销售结算系统。这两个销售结算系统的主要特点是采用统一规格的中性运输凭证进行销售,按照国际统一标准的计算机程序制作销售报告,并通过银行集中转账付款。它简化了出票、报表以及付款程序,使航空公司和代理人节约了大量结算领域的开支,大大提高了工作效率和服务质量。

4. 代理人培训

国际航协与世界旅行社协会联合会(UFTAA)和国际运输商协会联合会(FIATA)共同制定了培训计划,为代理人提供专业的培训服务。国际航协按照国际行业标准举办的代理人培训班旨在广泛提高从业人员的专业素质和服务水平。国际航协指派从各专业中挑选的专家负责培训课程的设置,选择、编写和及时更新培训教材,进行教学质量管理以及组织实施考试等工作。

5. 代理人产品和出版物

国际航协可为代理人提供一系列高效益、高价值的服务,以此提高整个代理人计划的实用性。国际航协还提供国际航协决议汇编手册和代理人手册,这些出版物是构成航空公司与代理人之间契约关系的主要依据。国际航空运输协会代理人卡作为国际航协向中国地区代理人提供的一项新增值服务,是专为全球从事旅游代理业务的专业人士设计使用的身份卡。该卡是旅游代理业专业人士的身份象征,得到了国际上众多航空公司和旅游旅行服务提供商的认可和接受。

（二）成为国际航协认可代理人的优越性

（1）有权使用国际航协认可代理人的专用标志。该标志在国际航空运输代理业中是专业化、高技能、高效率和良好信誉的识别标志，是能带给客户更多信任感的标志。

（2）国际航协认可代理人已被世界各大航空公司广泛接受。

（3）国际航协认可代理人将被列入国际航协定期向所有会员航空公司发放的代理人名册，供航空公司选择代理人时使用。这样可以提高代理人的知名度，有助于其扩大业务范围。

（4）获得世界各大航空公司提供的各种促销资料和业务指导。

（5）参加国际航协和其指定培训中心举办的各类培训课程，以便提高从业人员的业务水平和工作效率，从而增强代理人整体竞争力。

（6）国际航协认可的代理人可以使用国际航协的 BSP 和 CASS 所配发的标准运输凭证，直接代理这些航空公司的客货销售业务。这样统一并简化的操作流程，有效地节省了代理人的时间和人力，有助于提高其销售能力和服务质量。

（7）通过国际航协代理人计划在各国的执行委员会，对代理人计划的修改和发展提供建议。

（三）国际航协代理人计划的有关决议

国际航空运输协会是全世界航空公司的行业协会。它依据会员航空公司的提案，以专业大会的形式开展各项活动。以经由各会员航空公司举手表决而通过的决议实施对国际航空运输业的管理，旨在促进世界航空运输业的平等、合作、有序发展。

1. 客运销售代理规则 – 中国（国际航协 810C 决议）

客运销售代理规则 – 中国决议，简称 810C。该决议是依据国际航协旅客代理人大会通过的有关决议为准则，结合中国航空运输业的实际情况制定的。其主要内容为：代理人资格认可和保持条件；开账与结算计划规则。中国 BSP 是客运销售代理规则 – 中国（810C）中的一项核心内容，是航空公司用以规范其销售代理人销售行为的有效办法。对由国际航协认可的，在中国境内从事国际和/或国内航空运输销售代理业的代理人具有规范行为的严肃性和指导性。

2. 中国国内客运销售代理规则（国际航协 810Z 决议）

中国国内客运销售代理规则决议，简称 810Z。该决议是以 810C 决议为准则，结合中国国内客运销售代理人的实际情况制定的，是国际航协 810C 决议的延伸，旨在约束从事国内客运销售代理业务的代理人。国际航协 810C 决议的条款充分体现在中国国内客运销售代理规则中，是国际航协中国国内客运销售代理事务的指导性决议。

3. 国际航协 832 决议

国际航协 832 决议是国际航协从事原客运销售代理规则 810C 决议的有关章节

分离出来的单独形成的决议。其中主要内容包括：通过 BSP 运作的报告与清算程序；直接与会员航空公司进行的报告和清算；违规与违约行为处理。

二、代理人资格认可条件

代理人资格认可和保持条件主要规定了代理人申请成为国际航协认可代理人时应具备的条件和申请程序、国际航协认可代理人发生变更时具有的条件和办理的程序、国际航协认可代理人为确保资格应保持的条件。

（一）资格申请

1. 申请国际航协认可客运代理人需具备的资质

（1）营业执照。申请人应具备独立法人资格，持有企业法人营业执照（售票处地址与法人营业执照注册地址不同时，需提供售票处的非法人营业执照）。

（2）人员证书。申请人（国际销售代理人/国内销售代理人）应有至少 3 名工作人员持有由中国航空运输协会颁发的（国际/国内）有效的客运销售代理人上岗证；申请人应有至少 3 名工作人员持有国内 BSP 培训证书（国内销售代理人）；申请人应至少 3 名工作人员持有由中航信颁发的 BSP 自动打票培训合格证书。

（3）财务要求。申请人应有令人满意的财务状况；申请人应按月平均运输销售量的 50% 提供经济担保。

（4）营业场所。申请人的营业场所应有明显的旅行代理人标志，公众可以自由出入；申请人的营业场所不应位于与另一代理人或某航空公司共同使用的办公区域内；代理人的营业场所应符合国际航协代理人手册中公布的最低安全标准。

（5）名称要求。申请人不得与国际航空运输协会或某会员或某航空公司的名称相同和相似；申请人的营业地不得被人们认为是某会员或某组会员航空公司的办公地点。

（6）其他要求。申请人不应为任何航空公司的销售总代理；申请人或其主要股东或其董事或其官员或其经理，在遵守合乎职业道德的商业准则方面，不应有令人不满意的记录，也不应是债务尚未清偿的破产人；申请人的董事或股东或管理人员，均不应为已从代理人名册中予以除名的代理人的董事或股东或管理人员或已收到违约通知并仍未清偿债务的代理人的董事或股东或管理人员。

2. 申请及批准程序

（1）递交申请材料。有意被录入代理人名册并将其营业地址同时作为经批准的地点录入代理人名册的代理人，或有意将其又一营业地作为经批准的地点录入代理人名册的代理人，应向代理人事务经理提交完整的申请表和如下文件：国际航协认可国际（国内）客运代理人申请表；企业法人营业执照复印件；中国航空运输协会颁发的一类（二类）营业批准证书；经国家注册会计师事务所确认的验资报告的复印件；经国家注册会计师事务所审计的反映最近财务状况的财务审计报告的原件；企业法人营业执照的工商注册时间不足半年的代理人，仅提供开业时的验资报告正本；培训证书

（三个国际（国内）客运上岗证书、三个国内 BSP 培训证书、三个自动打票培训合格证书）；航空客运代理人主要印鉴备案表；售票处租房合同；法人公司章程复印件；售票处人员状况表（仅限国际代理人）；营业场所内外照片 4 张；缴纳相关费用的凭证复印件（仅限国内代理人）；法定代表人身份证复印件；已填妥的国际航协存档记录；主要经办人及负责人的名片（姓名/电话/手机/传真）；代理人的信签样本（印有公司名称的信封和信纸）。

（2）缴纳相关费用。申请国际航协认可客运销售代理人（国际客票销售代理人）应缴纳的费用有：申请费（一次性，总部：USD375；分支机构：USD375）、加入费（一次性，总部：USD565；分支机构：USD450）、年费（每年，总部：USD125；分支机构：USD85）、专员费（总部：USD5；分支机构：USD5）、证书费（总部：USD20；分支机构：USD20）、代理人卡费（每年，总部：USD75；分支机构：USD75）。申请国际航协认可客运销售代理人（国内客票销售代理人）应缴纳的费用有：申请费（一次性，总部：CNY650；分支机构：CNY520）、加入费（一次性，总部：CNY1030；分支机构：CNY830）、年费（每年，总部：CNY500；分支机构：CNY400）。以上费用代理人应在接到通知后以人民币支票和电汇的形式直接向国际航协北京办事处交纳上述费用。

（3）经济担保的办理。国际航协认可代理人资格审查办公室收到代理人的申请文件后，按照规定的担保标准为代理人核定一个经济担保额。国际客票销售代理人的担保额标准为连续 12 个月月平均销售额的 50% 且不得低于 150 万元人民币。国内客票销售代理人的担保额标准为连续 12 个月月平均销售额的 50% 且不得低于 50 万元人民币。代理人应在代理人资格批准前向国际航协提交担保函。

（4）申请的批准。国际客票销售代理人的批准要求：国际航协认可代理人资格审查办公室向全世界会员航空公司公布代理人的申请，代理人的所有申请文件提交完备后，如航空公司无异议，国际航协将批准代理人的申请。国内客票销售代理人的批准要求：国际航协认可代理人资格审查办公室向中国所有 BSP 航空公司公布代理人的申请，自申请发出之日起满 15 个工作日，如航空公司没有异议，代理人的所有申请文件提交完备后，国际航协将批准代理人的申请。

（5）协议的签署。国际航协认可代理人资格审查办公室批准代理人的申请后，将向代理人发出批准通知并与代理人签署《客运销售代理协议》，并将已批准的代理人名单通知所有会员及中国 BSP 航空公司。签署协议时应注意：协议应由法定代表人或其被授权人签署，其被授权人需要出示法人授权委托证明原件；协议应加盖法人公司的公章；营业分点应同时加盖分公司的印章。

三、中国开账与结算计划概述

中国开账与结算计划是国际航空运输协会根据航空公司及其销售代理人的需要，依据适用的决议而建立的。由国际航协 BSP 委员会第 67 届大会通过并经中国民用航空局批准后实施。供 BSP 航空公司和经中国民用航空局或其地区管理局批准

的，并被国际航协认可的，客运销售代理人之间使用的，清算和结算账目的的销售结算系统，简称中国 BSP。

（一）中国 BSP 的主要特点

（1）代理人以中性的标准运输凭证为各 BSP 航空公司进行销售。

（2）代理人按统一的标准管理表格和程序向 BSP 数据处理中心报告销售情况。由数据处理中心采用先进的 BSP 处理系统计算并产生各类报表和账单。

（3）代理人的销售款定期通过 BSP 清算银行，以“直接借记”（不用账户所有人同意，自动扣款）的方式同 BSP 航空公司进行一次性结算。

（二）中国 BSP 对于航空公司的优越性

（1）按时收集集中传送的账单和票证，加强收入结算管理，随着电子客票的全面使用，目前 BSP 的数据收集也实现电子化传递。

（2）按时进账，及时收款，加强财务控制，改善资金流通。

（3）利用录有账单数据的磁带，促进自动结算过程。

（4）使用可靠的统计数据，提高销售管理水平。

（三）中国 BSP 对于代理人的优越性

（1）使用统一的标准运输凭证，以所授权的 BSP 航空公司名义开票，运作程序简化。

（2）简明统一的标准管理表格适用于所有 BSP 航空公司，操作程序简单且成本降低。

（3）在规定时间内向同一指定地点提交销售报告和其他有关单据。

（4）通过直接借记的方式简化汇款手续。

（5）举办 BSP 培训班，提高代理人服务质量。

附录一　常见民航飞机信息汇总表

机型代码	配置座位数	制造商	飞机型号
AB3	181～317	空中客车公司	A300 客机
AB4	211～317	空中客车公司	A300－B2/B4/C4 客机
AB6	207～317	空中客车公司	A300－600 客机
AN4	40～50	安东诺夫设计集团	安－24 客机
AN6	50～N/A[①]	安东诺夫设计集团	安－26/30/32 客机
ARJ	98～105	中国商飞	ARJ21－900 客机
ATP	64～68	英国宇航公司	ATP 客机
CRJ	50～90	庞巴迪宇航集团	CRJ－100/200/700/900 客机
DC3	18～30	原麦道公司	DC－3 客机
DC6	52～80	原麦道公司	DC－6B 客机
DC8	125～250	原麦道公司	DC－8 客机
DC9	60～139	原麦道公司	DC－9 客机
D1C	229～357	原麦道公司	DC－10－30/40 客机
D1M	195～235	原麦道公司	DC－10 客货混装机
D10	229～374	原麦道公司	DC－10 客机
D11	237～374	原麦道公司	DC－10－10/15 客机
D8F	50～73	原麦道公司	DC－8 50－73 货机
D8M	118～N/A	原麦道公司	DC－8 客货混装机
D9S	84～139	原麦道公司	DC－9－30/40/50 客机
D91	60～90	原麦道公司	DC－9－10 客机
D92	75～90	原麦道公司	DC－9－20 客机
D93	84～115	原麦道公司	DC－9－30 客机
D94	100～128	原麦道公司	DC－9－40 客机
D96	107～139	原麦道公司	DC－9－50 客机
EMJ	70～110	巴西航空工业公司	EMB170/190/195 客机
EM2	26～35	巴西航空工业公司	EMB120 巴西利亚客机
EQV			各种机型
ERD	44～50	巴西航空工业公司	RJ140 客机

① N/A 表示不确定，或配置不同。

（续）

机型代码	配置座位数	制造商	飞机型号
ERJ	37～50	巴西航空工业公司	ERJ135/140/145 客机
ILW	132～195	伊柳辛设计集团	IL－86 客机
IL8	235～350	伊柳辛设计集团	IL－18 客机
MD9	11～32	原麦道公司	MD90“探险者”客机
M11	112～172	原麦道公司	MD－11 客机
M80	125～165	原麦道公司	MD－80 客机
M81	132～165	原麦道公司	MD－81 客机
M82	131～165	原麦道公司	MD－82 客机
M83	109～134	原麦道公司	MD－83 客机
M87	112～142	原麦道公司	MD－87 客机
M88	150～187	原麦道公司	MD－88 客机
M90	114	原麦道公司	MD－90 客机
SHB	18～19	肖特公司	“贝尔法斯特”客机
SH3	30～36	肖特公司	330（SD3－30）客机
TU3	143～180	图波列夫设计集团	TU－134 客机
TU5	164～210	图波列夫设计集团	TU－154 客机
Y20	69～74	图波列夫设计集团	TU－204－214
YK2	20～40	雅可列夫设计局	YAK－42 客机
YK4	17	雅可列夫设计局	YAK－40 客机
YN2	48	哈尔滨飞机制造厂	运 12 客机
YN7	38～64	西安飞机工业公司	运 7、MA60 客机
YS1	85～109	纳姆公司	YS－11 客机
14F	75～88	英国宇航公司	146 货机
141	88～94	英国宇航公司	146－100 客机
142	93～112	英国宇航公司	146－200 客机
143	75～112	英国宇航公司	146－300 客机
146	167～246	英国宇航公司	146 客机
310	169－246	空中客车公司	310 客机
312	167～222	空中客车公司	A310－200 客机
313	107～117	空中客车公司	A310－300 客机
318	112～134	空中客车公司	A318 客机
319	107～220	空中客车公司	A319 客机
32S	123～180	空中客车公司	A318/A319/A320/A321 客机
320	174～220	空中客车公司	A320 客机
321	256～412	空中客车公司	A321 客机
330	256～412	空中客车公司	A330 客机

（续）

机型代码	配置座位数	制造商	飞机型号
332	256 ~ 412	空中客车公司	A330 – 200 客机
333	228 ~ 420	空中客车公司	A330 – 300 客机
340	228 ~ 335	空中客车公司	A340 客机
342	253 ~ 420	空中客车公司	A340 – 200 客机
343	313 ~ 359	空中客车公司	A340 – 300 客机
345	380 ~ 419	空中客车公司	A340 – 500 客机
346	380	空中客车公司	A340 – 600 客机
380	550 ~ 800	空中客车公司	A380 – 800 客机
70M	150 ~ 160	波音公司	B707 客货混装机
703	130 ~ 219	波音公司	B707 – 320/320B/320C/330B 客机
707	106 ~ 123	波音公司	B707/720B 客机
717	126 ~ 164	波音公司	B707 – 200 客机
72M	126 ~ 189	波音公司	B727 – 100 客货混装机
72S	92 ~ 119	波音公司	B727 – 200/200 客机
721	145 ~ 167	波音公司	B727 – 100 客机
722	92 ~ 189	波音公司	B727 – 200 客机
727	109 ~ 148	波音公司	B727 – 100/200/200 客机
73G	162 ~ 189	波音公司	B737 – 700 客机
73H	69 ~ 79	波音公司	B737 – 800 带小翼客机
73M	100 ~ 130	波音公司	B737 – 200 客货混装机
73S	126 ~ 149	波音公司	B737 – 200/200 改良系列
731	106 ~ 189	波音公司	B737 – 100 客机
732	102 ~ 145	波音公司	B737 – 200 客机
733	144 ~ 171	波音公司	B737 – 300 客机
734	104 ~ 171	波音公司	B737 – 400 客机
735	110 ~ 119	波音公司	B737 – 500 客机
736	104 ~ 189	波音公司	B737 – 600 客机
737	162 ~ 189	波音公司	B737 – 700 客机
738	17 ~ 189	波音公司	B737 – 800 客机
739	270 ~ N/A	波音公司	B737 – 900 客机
74C	250 ~ 304	波音公司	B747 – 200 客货混装机
74D	287 ~ 420	波音公司	B747 – 300 客货混装机
74E	287 ~ 420	波音公司	B747 – 400 客货混装机
74L	238 ~ 400	波音公司	B747SP 客机
74M	374 ~ 563	波音公司	B747 – 200/300 – 400 客货混装机
741	351 ~ 493	波音公司	B747 – 100 客机

（续）

机型代码	配置座位数	制造商	飞机型号
742	375 ~ 428	波音公司	B747 – 200 客机
743	362 ~ 569	波音公司	B747 – 300 客机
744	244 ~ 569	波音公司	B747 – 400 客机
747	351 ~ 569	波音公司	B747 客机
752	192 ~ 239	波音公司	B757 – 200 客机
753	243 ~ 289	波音公司	B757 – 300 客机
757	192 ~ 289	波音公司	B757 – 200/300 客机
762	181 ~ 255	波音公司	B767 – 200/200ER 客机
763	225 ~ 269	波音公司	B767 – 300/300ER 客机
764	161 ~ 290	波音公司	B767 – 400 客机
767	181 ~ 290	波音公司	B767 – 200/300 客机
772	281 ~ 440	波音公司	B777 – 200 客机
773	281 ~ 440	波音公司	B777 – 300 客机
777	281 ~ 440	波音公司	B777 – 200/300 客机
787	210 ~ 330	波音公司	B787 – 3/8/9/10 客机

附录二　国内主要城市/机场三字代码

代　码	城市全称	所在省/市/自治区
AAT	阿勒泰	新疆
AKA	安康	陕西
AKU	阿克苏	新疆
AQG	安庆	安徽
BAV	包头	内蒙古
BHY	北海	广西
BPX	昌都	西藏
BSD	保山	云南
CAN	广州	广东
CGD	常德	湖南
CGO	郑州	河南
CGQ	长春	吉林
CHG	朝阳	辽宁
CHW	酒泉	甘肃
CIF	赤峰	内蒙古
CIH	长治	山西
CKG	重庆	重庆
CNI	长海	辽宁
CSX	长沙	湖南
CTU	成都	四川
CZX	常州	江苏
DAT	大同	山西
DAX	达县	四川
DDG	丹东	吉林
DGM	东莞	广东
DLC	大连	辽宁
DLU	大理	云南
DNH	敦煌	甘肃
DOY	东营	山东
DYG	大庸	湖南

（续）

代　码	城市全称	所在省/市/自治区
DYG	张家界	湖南
ENH	恩施	湖北
ENY	延安	陕西
FOC	福州	福建
FUG	阜阳	安徽
FUO	佛山	广东
GHN	广汉	四川
GOQ	格尔木	青海
GYS	广元	四川
HAK	海口	海南
HEK	黑河	黑龙江
HET	呼和浩特	内蒙古
HFE	合肥	安徽
HGH	杭州	浙江
HLD	海拉尔	内蒙古
HLH	乌兰浩特	内蒙古
HMI	哈密	新疆
HNY	衡阳	湖南
HRB	哈尔滨	黑龙江
HSC	韶关	广东
HSN	舟山	浙江
HTN	和田	新疆
HYN	黄岩	浙江
HZG	汉中	陕西
INC	银川	宁夏
IQM	且末	新疆
IQN	庆阳	甘肃
JDZ	景德镇	江西
JGN	嘉峪关	甘肃
JGS	井冈山	江西
JHG	西双版纳(景洪)	云南
JIL	吉林	吉林
JIU	九江	江西
JJN	晋江	福建
JMU	佳木斯	黑龙江
JNZ	锦州	辽宁

（续）

代　码	城市全称	所在省/市/自治区
JUZ	衢州	浙江
JZH	九寨沟	四川
KCA	库车	新疆
KHG	喀什	新疆
KHN	南昌	江西
KMG	昆明	云南
KNC	吉安	江西
KOW	赣州	江西
KRL	库尔勒	新疆
KRY	克拉玛依	新疆
KWE	贵阳	贵州
KWL	桂林	广西
LHW	兰州	甘肃
LJG	丽江	云南
LLF	永州	湖南
LUM	芒市	云南
LUZ	庐山	江西
LXA	拉萨	西藏
LYA	洛阳	河南
LYG	连云港	江苏
LYI	临沂	山东
LZH	柳州	广西
LZO	泸州	四川
LZY	林芝	西藏
MDG	牡丹江	黑龙江
MIG	绵阳	四川
MXZ	梅州	广东
NAO	南充	四川
NAY	北京(北京南苑机场)	北京
NDG	齐齐哈尔	黑龙江
NGB	宁波	浙江
NKG	南京	江苏
NLT	那拉提	新疆
NNG	南宁	广西
NNY	南阳	河南
NTG	南通	江苏

（续）

代　码	城市全称	所在省/市/自治区
NZH	满洲里	黑龙江
PEK	北京(北京首都机场)	北京
PVG	上海(上海浦东国际机场)	上海
SHA	上海(上海虹桥国际机场)	上海
SHE	沈阳	辽宁
SHF	山海关	河北
SHP	秦皇岛	河北
SHS	沙市	湖北
SIA	西安	陕西
SJW	石家庄	河北
SWA	汕头	广东
SYM	思茅	云南
SYX	三亚	海南
SZV	苏州	江苏
SZX	深圳	广东
TAO	青岛	山东
TCG	塔城	新疆
TEN	铜仁	贵州
TGO	通辽	内蒙古
TNA	济南	山东
TSN	天津	天津
TXN	黄山	安徽
TYN	太原	山西
URC	乌鲁木齐	新疆
UYN	榆林	陕西
WEF	潍坊	山东
WEH	威海	山东
WNH	文山	云南
WNZ	温州	浙江
WUH	武汉	湖北
WUS	武夷山	福建
WUX	无锡	江苏
WUZ	梧州	广西
WXN	万县	重庆
XEN	兴城	辽宁
XFN	襄樊	湖北

（续）

代　码	城市全称	所在省/市/自治区
XIC	西昌	四川
XIL	锡林浩特	内蒙古
XMN	厦门	福建
XNN	西宁	青海
XNT	邢台	河北
XUZ	徐州	江苏
YBP	宜宾	四川
YIH	宜昌	湖北
YIN	伊宁	新疆
YIW	义乌	浙江
YNJ	延吉	吉林
YNT	烟台	山东
YNZ	盐城	江苏
YUA	元谋	云南
YUC	运城	山西
ZAT	昭通	云南
ZHA	湛江	广东
ZUH	珠海	广东
ZYI	遵义	贵州

附录三　国内各主要航空公司退改签政策

国航(CA)								
客服电话：95583								
	普通航线							备　注
	舱位	产品/折扣	退票手续费		变更手续费		自愿签转	
			起飞（含）前退票	起飞后退票	起飞(含)前变更(含签转)/次	起飞后变更(含签转)/次		
适用范围：出票日期为2013年3月1日（含）以后的客票	p	300%	免费退票	10%	免费变更	5%	允许	1.2012年12月17日起(以旅行日期为准)国航客票：明折明扣舱直减产品（OW/RT）、两舱折扣促销产品（OW/RT，限A、D、Z舱），退改签规定以NFD显示为准 2.客规仅供参考，以航司审核结果为准 3.往返联程YWB（折上折优惠)产品按照飞后收取手续费 4.如变更航班、日期与低舱位改高舱位同时进行,变更费和票价差额须同时收取
	F	300%						
	C	230%						
	A	250%	对应舱位公布运价10%		对应舱位公布运价5%		不允许	
	D	180%						
	Z	160%						
	Y/W	100%	5%	10%	免费变更	5%	允许	
	B	90%	20%	30%	10%	20%	不允许	
	M	88%						
	H	80%						
	K	75%						
	L	70%						
	Q	60%						
	G	50%	50%	不允许	30%	50%		
	V	45%						
	F/C/Y	儿童票	免费退票		免费变更		允许	
		婴儿票						
	E/T	3.5折以上	50%		不得改签		不允许	
		3.5折（含）以下	票款不退，只退基建燃油费		不得改签			

东航、中联航、上航（MU、KN、FM）

客服电话:021-95530

适用范围	舱位	产品/折扣	退票手续费 航前 7天（含）之前	退票手续费 航前 7天之内	退票手续费 航班起飞前2小时内以及起飞后	变更手续费 航班起飞前2小时之前	变更手续费 航班起飞前2小时内以及飞后	自愿签转	备注
适用范围：出票日期为2013年7月22日（含）以后，起飞日期为2013年7月22日（含）以后的客票	F	280%	免费退票		10%	免费变更	5%	允许	
	P							不允许	部分航线特殊优惠P舱按照航空公司具体使用规则执行
	J							允许	1.客票各航程必须按顺序使用，如未按顺序使用，东航航班按照《中国东方航空旅客/行李国内运输总条件》及东航业务通告等的有关规定执行，上航航班按照《上海航空旅客/行李国内运输总条件》及上航业务通告等的有关规定执行，中联航航班按照《中国联合航空旅客/行李国内运输总条件》及中联航业务通告等的有关规定执行 **特殊旅客折扣** 2.革命伤残军人,因公致残人民警察凭“中华人民共和国革命伤残军人证”和“中华人民共和国人民警察伤残抚恤证”,按适用成人普通票价(F/J/Y)的50%计算；儿童按适用成人普通票价(F/J/Y)的50%计算;不占座婴儿按适用成人普通票价F/J/Y)的10%计算。 购买上述特殊票价的旅客,自愿更改航班、日期及办理退票时，免收手续费。 如旅客自愿放弃上述折扣，购买其他舱位及票价的客票，须按照对应舱位及票价使用条件执行。名错换开：至少收取50元手续费。2013年9月6日以后，不再办理升舱全退、重购业务，只能按自愿退票处理
	Y	100%	5%					允许	
	B	90%	20%		30%	10%	20%	不允许	
	M	85%							
	E	80%							
	H	75%							
	K	70%							
	L	65%							
	N	60%							
	R	55%							
	S	50%	40%	80%	100%	30%	50%		
	V	45%							
	T	40%							
	Q	40%	40%	80%	100%	30%	50%		从2014年1月10日（以原始客票出票之日为准）起，东上联航国内Q舱联程客票办理退票时，如果全部未使用，则按照国内客规的规定办理自愿退票；如果部分使用，则所有未使用航段的票价和燃油附加费（YQ）一律不得退还，其他未使用税费可以退还

(续)

<table>
<tr><th colspan="10">东航、中联航、上航（MU、KN、FM）</th></tr>
<tr><td colspan="10">客服电话:021-95530</td></tr>
<tr><td rowspan="3"></td><td rowspan="3">舱位</td><td rowspan="3">产品/折扣</td><td colspan="3">退票手续费</td><td colspan="2">变更手续费</td><td rowspan="3">自愿签转</td><td rowspan="3">备 注</td></tr>
<tr><td colspan="2">航前</td><td rowspan="2">航班起飞前 2 小时内以及起飞后</td><td rowspan="2">航班起飞前 2 小时之前</td><td rowspan="2">航班起飞前 2 小时内以及飞后</td></tr>
<tr><td>7 天（含）之前</td><td>7 天之内</td></tr>
<tr><td rowspan="2">适用范围：出票日期为 2013 年 7 月 22 日（含）以后，起飞日期为 2013 年 7 月 22 日（含）以后的客票</td><td>F/J/Y</td><td>儿童票</td><td colspan="3" rowspan="2">免费退票</td><td colspan="2" rowspan="2">免费变更</td><td rowspan="2">允许</td><td rowspan="2">3.团队规定：团体旅客购票后自愿要求退票，按下列规定收取退票费（不适用于 G 舱）。
1) 在航班规定离站时间 72 小时(含)以前，收取客票价 20%的退票费。
2) 在航班规定离站时间前 72 小时以内至航班规定离站时间前一日中午 12 时(含)以前，收取客票价 30%的退票费。
3) 在航班规定离站时间前一天中午 12 时以后至航班规定离站时间以前，收取客票价 50%的退票费。
4) 在航班规定离站时间以后，客票作废，票款不退。
5) 持联程、来回程客票的团体旅客要求退票，分别按本条第 1/2/3 项的规定收取各航段的退票费。
6) 团体旅客中部分成员自愿要求退票，除客票附有限制条件者外，按下列规定办理：
(1) 如乘机的旅客人数不少于该票价规定的最低团体人数时，按“团体旅客自愿退票”规定办理。
(2) 如乘机的旅客人数少于该票价规定的最低团体人数时，分别按下列规定办理：
如客票全部未使用，应将团体旅客原折扣实付票价总金额扣除乘机旅客按正常票价计算的票款总金额后，再扣除“团体旅客自愿退票”规定的退票费，差额多退少补。
如客票部分未使用，应将团体旅客原付折扣票价总金额扣除已使用航段的票款后，再扣除乘机旅客按正常票价计算的未使用航段票款总金额及“团体旅客自愿退票”规定的退票费，差额多退少不补</td></tr>
<tr><td colspan="2">婴儿</td></tr>
</table>

<table>
<tr><th colspan="9">南航(CZ)</th></tr>
<tr><td colspan="9">客服电话:020-95539　4000095539　电子商务: 020-86133399　020-28295539</td></tr>
<tr><th rowspan="3"></th><th rowspan="3">舱位</th><th rowspan="3">产品/折扣</th><th colspan="5">使用条件</th><th rowspan="3">备　注</th></tr>
<tr><th colspan="2">退票手续费</th><th colspan="2">变更手续费</th><th rowspan="2">自愿签转</th></tr>
<tr><th>航班规定离站时间前 2 小时（含）前</th><th>航班规定离站时间前 2 小时(不含)后</th><th>航班规定离站时间前 2 小时（含）前</th><th>航班规定离站时间前 2 小时(不含)后</th></tr>
<tr><td rowspan="16">适用范围：适用于出票日期为 2013 年 8 月 12 日（含）以后，起飞日期为 2013 年 10 月 27 日（含）以后的客票</td><td>F</td><td>头等舱
280%</td><td rowspan="2">5%</td><td rowspan="2">10%</td><td rowspan="2">免费变更</td><td rowspan="2">5%</td><td rowspan="2">允许</td><td rowspan="16">1.如果更改后的订座舱位（包括物理舱位和经济舱子舱位）与原客票上列明的舱位不相符或同等舱位变更前后票价不同，按以下规定办理：
(1) 从较高等级舱位改为较低等级舱位或较高票价变更到较低票价，按自愿退票办理
(2) 从较低等级舱位改为较高等级舱位或较低票价变更到较高票价，收取票价价差。如客票航班/日期等变更与舱位变更同时进行，则需同时收取变更费和票价价差
(3) 订座舱位更改后如需再变更，其变更收费按更改后的订座舱位使用条件办理
(4) 散客单程、来回程、缺口程、联程客票的自愿变更，需收取变更费或票价价差的客票变更操作，仅限南航直属售票处、南航呼叫中心、授权南航代理办理。销售单位如需使用“国内客运退票、变更收费单”收取相关费用，在“国内客运退票、变更收费单”上要列明原客票的票号、舱位及定座情况的变更说明，并准确区分和填列变更费和票价价差，两者不能混淆
2. 更改航程:按自愿退票处理
3. 公布来回程运价客票完全未使用或部分使用后要求变更，均按对应航段 1/2 来回程运价计算变更费。如果变更后舱位有公布来回程运价，则票价价差为相应 1/2 来回程运价的差额；如果变更后舱位没有公布来回程运价，则票价价差为变更后舱位单程运价与变更前 1/2 来回程运价之间的差额
4. 客票变更后退票，所收变更费不退；客票订座舱位更改后如又发生退票，票价价差部分按新票价舱位或新票价规则的退票手续费</td></tr>
<tr><td>A</td><td>明珠头等舱
400%</td></tr>
<tr><td>P</td><td>头等舱
230%</td><td colspan="4">具体文件使用条件</td><td>不允许</td></tr>
<tr><td>J</td><td>公务舱
230%</td><td>5%</td><td>10%</td><td>免费变更</td><td>5%</td><td>允许</td></tr>
<tr><td>C</td><td>公务舱
180%</td><td colspan="4" rowspan="2">具体文件使用条件</td><td rowspan="2">不允许</td></tr>
<tr><td>D</td><td>公务舱
180%</td></tr>
<tr><td>W</td><td>100%</td><td>10%</td><td>20%</td><td>免费变更</td><td>10%</td><td>允许</td></tr>
<tr><td>S</td><td>高端经济舱</td><td colspan="4">按具体文件使用条件</td><td>不允许</td></tr>
<tr><td>Y</td><td>100%</td><td rowspan="4">10%</td><td rowspan="4">20%</td><td rowspan="4">免费变更</td><td rowspan="4">10%</td><td>允许</td></tr>
<tr><td>B</td><td>90%</td><td rowspan="7">不允许</td></tr>
<tr><td>M</td><td>80%</td></tr>
<tr><td>H</td><td>75%</td></tr>
<tr><td>K</td><td>70%</td><td rowspan="4">30%</td><td rowspan="4">50%</td><td rowspan="4">10%</td><td rowspan="4">30%</td></tr>
<tr><td>L</td><td>60%</td></tr>
<tr><td>E</td><td>50%</td></tr>
<tr><td>V</td><td>45%</td></tr>
</table>

(续)

<table>
<tr><th colspan="8">南航(CZ)</th></tr>
<tr><td colspan="8">客服电话:020-95539 4000095539 电子商务: 020-86133399 020-28295539</td></tr>
<tr><td rowspan="3">舱位</td><td rowspan="3">产品/折扣</td><td colspan="5">使用条件</td><td rowspan="3">备 注</td></tr>
<tr><td colspan="2">退票手续费</td><td colspan="2">变更手续费</td><td rowspan="2">自愿签转</td></tr>
<tr><td>航班规定离站时间前 2 小时（含）前</td><td>航班规定离站时间前 2 小时(不含)后</td><td>航班规定离站时间前 2 小时（含）前</td><td>航班规定离站时间前 2 小时(不含)后</td></tr>
<tr><td>Z</td><td>经济舱</td><td colspan="2" rowspan="3">不得退票</td><td colspan="2" rowspan="3">不得变更</td><td rowspan="3">不允许</td><td rowspan="7">标准办理,其他按变更前订座舱位退票手续费标准办理，合计收取退票费
5. 旅客要求退票，最迟应在开始旅行之日起（客票完全未使用的，从填开之日起）十三个月内提出，逾期不予办理。若客票已逾期，票款、机场建设费与燃油附加费不予退回
6. 公布来回程运价客票部分使用后要求退票，扣除已使用航段相应舱位单程运价，余额按相应舱位规定办理
7. 客票乘机联必须按顺序使用，否则按各乘机联对应订座舱位的退票规定办理退票
8. 病退规定
(1) 接到旅客病退申请后，必须在航班规定起飞时间前将定座系统中旅客的原定座位取消，以免造成座位虚耗
(2) 旅客需提交的医疗证明：旅客需提供本人身份证复印件、县级（含）（相当于三级甲等）以上的医疗机构出具的在客票列明的航班飞行期间不适宜乘机的诊断证明书原件(包括诊断书原件、病历和旅客不能乘机的证明，出诊当日医药费在 200 元以上的交费单原件)。如患病旅客不能提供上述材料,则按自愿退票办理
(3)患病旅客的陪伴人员要求退票，必须与患病旅客同时同地办理，并满足起飞前退座的要求。每一患病旅客的陪伴人员人数不得多于 2 人。陪伴人员的客票航程必须与患病旅客完全相同。如陪伴人员与患病旅客的购票地不同，须同时在直属售票处办理患病旅客和陪伴人员的因病退票
(4) 旅客所购客票有“不得退票”的使用条件限制，不能办理因病退票</td></tr>
<tr><td>N</td><td>中转舱</td></tr>
<tr><td>T</td><td>产品舱</td></tr>
<tr><td>F/A</td><td rowspan="3">儿童票</td><td rowspan="2">5%</td><td rowspan="2">10%</td><td rowspan="3">免费变更</td><td rowspan="2">5%</td><td rowspan="4">允许</td></tr>
<tr><td>/J</td></tr>
<tr><td>W/Y</td><td>10%</td><td>20%</td><td>10%</td></tr>
<tr><td>婴儿</td><td></td><td colspan="2">免费退票</td><td colspan="2">免费变更</td></tr>
</table>

(续)

南航(CZ)								
客服电话:020-95539　4000095539　电子商务: 020-86133399　020-28295539								
	舱位	产品/折扣	使用条件					备　注
			退票手续费		变更手续费		自愿签转	
			航班规定离站时间前 2 小时（含）前	航班规定离站时间前 2 小时(不含)后	航班规定离站时间前 2 小时（含）前	航班规定离站时间前 2 小时(不含)后		
								(5) 经销售单位审核，退座时间和医疗证明均符合上述要求的患病旅客及其陪伴人员因病办理退款，完全未使用时可退还全部票款和税费；已经部分使用的，退还的票款金额为旅客原付全部票款（含税款）减去已使用航段相同折扣率的票价和已使用税费，剩余部分全部退还给旅客，不收取退票费。所退金额不得超过原付票款金额 (6) 团队旅客中的患病旅客及其陪伴人员退票后，导致团队现有人数低于规定最低成团人数时，其余旅客必须补足团散之间的票款差额

南方航空（CZ）P、D 舱使用客规

舱位	票价级别	退票手续费	变更手续费	自愿签转	备　注
P/D	P/D	收取对应公布运价 10% 退票费	收取对应公布运价 5% 变更费	不得签转	票价级别 1. P、D 代表头等舱、公务舱的促销公布运价 2. PPRL*、DPRL*代表票价水平低于 Y105 的头等舱、公务舱促销运价 3. PPRK*、DPRK*代表票价水平等于或高于 Y105、且低于 Y150 的头等舱、公务舱促销运价 4. PPRH*、DPRH*代表票价水平等于或高于 Y150 的头等舱、公务舱促销运价
	PPRH*/DPRH*	收取对应公布运价 20% 退票费	收取对应公布运价 5% 变更费		
	PPRK*/DPRK*	收取对应公布运价 30% 退票费	收取应公布运价 10% 变更费		
	PPRL*/DPRL*	收取对应公布运价 50% 退票费	收取对应公布运价 30% 变更费		

海航/大新华(HU/CN)

客服电话：95339

适用范围	舱位	产品/折扣	退票手续费		改期手续费		自愿签转	备注
			航班离站时间前(含)	航班离站时间后	航班离站时间前(含)	航班离站时间后		
适用范围：出票日期为2013年7月26日（含）以后的客票	R	350%	5%	10%	免费变更	10%	允许	一、注意事项 1.从低等级舱位改为高等级舱位或低票价变更至高票价，换开客票时，收取原票面价与变更后适用舱位票价的票款差额，同时，按各舱位对应规则收取变更费 2.升舱后的客票，如旅客提出退票，须提取原客票信息，将票价价差部分退回旅客，不收取退票费，剩余部分按原客票舱位及退座时间(多次升舱按第一张客票退座时间)收取退票费 3.各销售单位在办理海航航班相关票务业务时，必须同时取消旅客不成行的航段或订座编码，不得虚耗航班座位。若导致座位虚耗，则按照相关规定对责任单位进行处罚 4.客票的所有航段必须按照客票所列明的航程，从始发地点开始顺序使用 二、新旧规定过渡期票务处理原则 1.出票日期在2013年7月26日前，若发生的客票变更、退票、改签业务操作业务仍按原国内航班多等级舱位管理规定办理（国内
	F	200%						
	F1	150%					不允许	
	Z	头等舱子舱位						
	P	头等舱子舱位	依据产品规则执行		依据产品规则执行			
	A	舒适A舱/100%						
	C	170%	5%	10%	免费变更	10%	允许	
	C1	130%					不允许	
	J	公务舱子舱位	依据产品规则执行		依据产品规则执行		不允许	
	D	公务舱子舱位/100%						
	I	公务舱子舱位	20%	30%	10%	20%		
	Y	100%	5%	10%	免费变更	10%	允许	
	B	90%	20%	30%	10%	20%	不允许	
	H	85%						
	K	80%						
	L	75%						
	M	70%						
	M1	65%						
	Q	60%						
	Q1	55%						
	X	50%	50%	不得退票	20%	30%		
	U	45%						
	E	40%						

(续)

海航/大新华(HU/CN)								
客服电话：95339								
	舱位	产品/折扣	退票手续费		改期手续费		自愿签转	备注
			航班离站时间前(含)	航班离站时间后	航班离站时间前(含)	航班离站时间后		
	T	T	不得退票		依据产品规则执行		不允许	业务通告 HUGN2012-013 号文件)；出票日期在 2013 年 7 月 26 日(含)以后，若发生的客票变更、退票、改签业务操作业务按本文件执行 2. 出票日期在 7 月 26 日前的客票，若变更至 7 月 26 日后再进行退改签业务处理，则按本规定办理 本文件自 2013 年 7 月 26 日起开始执行，原国内业务通告 HUGN2012-013、HUGN2012-014 号文件同时废止。原国内业务通告《HUGN2012-192 关于重新下发海南航空悦享公务舱产品票务操作规定的通知》《HUGN2012-123 关于下发海南航空国内航班 I 舱管理规定的通知》《HUGN2013-085 关于下发海南航空国内航班 F、C、Z、I 舱同舱变更操作规定的通知》的通知中，涉及变更、退票的条款一律以本文件为准执行
	V		依据产品规则执行					
	N							
	O							
	S							
	G							
	F/C/Y	儿童票	5%	10%	免费变更	10%	允许	
	婴儿票		免费退票		免费变更			
	A	100%/舒适 A 舱	5%	10%	同等价格允许免费，价格升高，补齐差价	同等价格 10%改签费，不同价格 10%改签费加票面差价	可自愿签转至其他航空公司的经济舱，按航空公司对应舱位规则办理；非自愿签转只得签转至其他航空公司的经济舱	
	D	100%/悦享公务舱	5%	10%	同等价格允许免费，价格升高，补齐差价	同等价格 10%改签费，不同价格 10%改签费加票面差价	可自愿签转至其他航空公司的经济舱，按航空公司对应舱位规则办理；非自愿签转只得签转至其他航空公司的经济舱	
	Z	130%	5%	10%	同等价格允许免费，价格升高，补齐差价	同等价格 10%改签费，不同价格 10%改签费加票面差价	可自愿签转至其他航空公司的经济舱，按航空公司对应舱位规则办理；非自愿签转只得签转至其他航空公司的经济舱	

<table>
<tr><th colspan="9">山航(SC)</th></tr>
<tr><td colspan="8">客服电话：95369</td><td rowspan="3">备　注</td></tr>
<tr><td rowspan="2"></td><td rowspan="2">舱位</td><td rowspan="2">产品/折扣</td><td colspan="2">退票手续费</td><td colspan="2">变更手续费</td><td rowspan="2">签转</td></tr>
<tr><td>订座系统中航班起飞前（含)办理</td><td>订座系统中航班起飞后办理</td><td>订座系统中航班起飞前（含)办理</td><td>订座系统中航班起飞后办理</td></tr>
<tr><td rowspan="18">适用范围：
出票日期为
2013年06月
01日（含）
以后的客票</td><td>F</td><td>200%</td><td rowspan="7">5%</td><td rowspan="7">10%</td><td rowspan="7">免费变更</td><td rowspan="7">5%</td><td rowspan="4">允许</td><td rowspan="18">1.其他舱位规定详见《山东航空股份有限公司多等级舱位销售的管理规定》
2.用于由山航承运的使用山航国内运输客票（包括324代码确认的BSP票）航班；非山航实际承运挂山航代码的代码共享航班
3.各舱位价格一律填开实付票价。改期费、退票费、变更子舱位、升舱费等均按票面价格计算
4.来回程、多程航班子舱位可组合使用
5.子舱位变更，高舱位改低舱位差额不退，低舱位改高舱位补收实际舱位差额
6.如客票改期与低舱位改高舱位同时进行，比较舱位差额和改期费，按高者收取
7.过期客票，仅退还机场建设费和燃油附加费
8.客票订座舱位变更后如又发生退票，全额退还升舱补收的差额后，按变更前订座舱位退票手续费标准办理</td></tr>
<tr><td>C</td><td>130%</td></tr>
<tr><td>W</td><td>100%</td></tr>
<tr><td>Y</td><td>100%</td></tr>
<tr><td>B</td><td>90%</td><td rowspan="3">不允许</td></tr>
<tr><td>M</td><td>85%</td></tr>
<tr><td>H</td><td>80%</td></tr>
<tr><td>K</td><td>75%</td><td rowspan="6">10%</td><td rowspan="6">30%</td><td rowspan="6">10%</td><td rowspan="6">20</td><td rowspan="6">不允许</td></tr>
<tr><td>L</td><td>70%</td></tr>
<tr><td>P</td><td>65%</td></tr>
<tr><td>Q</td><td>60%</td></tr>
<tr><td>G</td><td>55%</td></tr>
<tr><td>V</td><td>50%</td></tr>
<tr><td>U</td><td>45%</td><td rowspan="3">30%</td><td rowspan="3">50%</td><td rowspan="3">20%</td><td rowspan="3">30%</td><td rowspan="3">不允许</td></tr>
<tr><td>Z</td><td>40%</td></tr>
<tr><td>F/C/Y</td><td>儿童票</td><td>5%</td><td>10%</td><td>免费变更</td><td>5%</td><td>允许</td></tr>
<tr><td colspan="2">婴儿票</td><td colspan="4">免费</td><td>允许</td></tr>
<tr><td>S/R/E</td><td>特价</td><td colspan="2">50%</td><td colspan="2">S/R/E 舱票价客票,需升舱至全价改期</td><td>不允许</td></tr>
</table>

<table>
<tr><th colspan="9">深航(ZH)</th></tr>
<tr><td colspan="9">客服电话:400-88-95080　代理人热线：400-777-1188</td></tr>
<tr><td rowspan="2"></td><td rowspan="2">舱位</td><td rowspan="2">产品/折扣</td><td colspan="2">退票手续费</td><td colspan="2">变更手续费</td><td rowspan="2">自愿签转</td><td rowspan="2">备　注</td></tr>
<tr><td>航班起飞前2小时之前</td><td>航班起飞前2小时之内及航班起飞后</td><td>航班起飞前2小时之前</td><td>航班起飞前2小时之内及航班起飞后</td></tr>
<tr><td rowspan="16">适用范围：出票日期为2012年3月1日(含)以后的客票</td><td>F</td><td>销售系统查询为准</td><td rowspan="2">免费退票</td><td rowspan="2">5%</td><td rowspan="6">免费变更</td><td rowspan="2">免费变更</td><td rowspan="3">允许</td><td rowspan="16">除票价另有规定外，客票有效期自旅行开始之日起，一年内运输有效；如果客票全部未使用，则从填开客票之日起，一年内运输有效
儿童/婴儿/革命伤残军人和因公致残人民警察客票免收退票费
同等舱位不同折扣客票改期或不同舱位之间改期，高舱改低舱，票价差额不退并收取相应改期费；低舱改高舱，票价差额与改期费比较按高收取</td></tr>
<tr><td>C</td><td>销售系统查询为准</td></tr>
<tr><td>Y</td><td>100%</td><td rowspan="4">5%</td><td rowspan="4">10%</td><td rowspan="4">5%</td></tr>
<tr><td>B</td><td>90%</td><td rowspan="13">不允许</td></tr>
<tr><td>M</td><td>85%</td></tr>
<tr><td>H</td><td>80%</td></tr>
<tr><td>K</td><td>75%</td><td colspan="2" rowspan="6">20%</td><td colspan="2" rowspan="6">10%</td></tr>
<tr><td>L</td><td>70%</td></tr>
<tr><td>J</td><td>65%</td></tr>
<tr><td>Q</td><td>60%</td></tr>
<tr><td>Z</td><td>55%</td></tr>
<tr><td>G</td><td>50%</td></tr>
<tr><td>V</td><td>45%</td><td colspan="2" rowspan="3">50%</td><td colspan="2" rowspan="3">20%</td></tr>
<tr><td>W</td><td>40%</td></tr>
<tr><td>F/C/Y</td><td>儿童票</td><td colspan="2" rowspan="2">免费退票</td><td colspan="2" rowspan="2">免费变更</td></tr>
<tr><td colspan="2">婴儿票</td></tr>
</table>

(续)

深航(ZH)							
客服电话:400-88-95080　代理人热线：400-777-1188							
特殊舱位							
	P	头等舱特价舱位	免费退票	5%	免费变更	不允许签转	1.免费改期仅允许改期至同舱位同折扣；如果改期至同舱位不同折扣，新旧客票差价多不退少补；如果改期时没有同等舱位开放，需升舱至高折扣舱位，只收取实际舱位票价差额，不收改期费 2.高舱位改低舱位(变更子舱位)、降低舱位等级(降舱)，按自愿退票处理；同等舱位较高票价变更到较低票价，票价差额不退并收取相应改期费 3.客票办理改期后，如需再次改期按照最新客票舱位改期规定执行，退票按照首次购买客票的舱位收取退票手续费 4.多程客票（如往返程、缺口程或中转联程客票）必须按航段顺序使用，在前一段未使用，后段已使用的情况下，前段只能按自愿退票处理，不允许对前段改期 5.公布运价舱位+自定义舱位E/T组合来回程，其退改签规定比较E/T和公布运价舱的规定，整个来回程退改签操作按其中舱位限制条件最严格的规定执行
	P	往返程套票	客票完全未使用，免收退票费。客票部分使用，扣除已使用航段对应舱位的单程运价，退回剩余票款	客票完全未使用，按照票面价收取5%退票费。客票已部分使用，扣除已使用航段对应舱位的单程运价和收取未使用航段单程运价5%的退票费，退回剩余票款	免费变更		
	A / D	超值头等舱	免费退票	5%	免费改期。 同等舱位变更，如变更后舱位运价高于变更前的舱位运价，需补齐差价；如变更后舱位运价低于变更前的舱位运价，票价差额不退。如无同等舱位开放，需升舱至公布运价舱位		
	5折以上特殊运价(E/T)	提前购票产品	20%		10%		
	5折以上特殊运价(E/T)	随定随售产品	20%		10%		
	5折以上特殊运价(E/T)	往返程套票	不允许单程退票,两段均未使用方可退票，退票收取票面价20%的手续费		10%		

(续)

深航(ZH)							
客服电话:400-88-95080　代理人热线：400-777-1188							
特殊舱位							
	4 折(含)~5 折(含)特殊运价(E/T 舱)	提前购票产品	50%		20%		E/T+E/T 来回程以及 E/T+公布运价舱位组合来回程，其退改签规定比较 E/T 和公布运价舱的规定，整个来回程退改 签操作按其中舱位限制条件最严格的规定执行。
		随定随售产品	50%		20%		
		往返程套票	不允许单程退票,两段均未使用方可退票，退票收取票面价 50%的手续费		20%		
	4 折以下(E/T 舱)	提前购票产品	不允许退票		不允许改签		
		随定随售产品	不允许退票		不允许改签		
		往返程套票	不允许退票		不允许改签		
	经济舱位子舱位(U 舱)	7.5 折~Y 舱全价(含)(U 舱)	5%	10%	免费改签		
		5 折~7.5 折(含)(U 舱)	20%		10%		
		4 折(含)~5 折(含)(U 舱)	50%		20%		
		4 折以下	不允许退票		不允许改签		
	S 舱中转联程		1. 自愿退票必须全程退票,不得分段退票 2. S+S 的中转产品，退票收取票面价格 50%的手续费 3. S+多等级的产品按照多等级正常舱位相关退票规定进行操作		1. S+S 的中转产品 (1) 必须两段同时改期，不得单段改期，但允许单段更改为当日其他航班 (2) 在有同等折扣中转舱位的情况下，每次改期收取票面价格 20%的改期费 (3) 若无 S+S 中转舱位开放，旅客仍要求变更，则按照旅客自愿退票处理 2. S+多等级的产品 (1) 必须两段同时改期，不得单段改期，但允许单段更改为当日其他航班 (2) S+多等级产品在改期时，若两段舱位同时开放，则按照多等级正常舱位变更规定进行操作 (3) S+多等级产品变更时，若没有同时开放两段舱位,则需按照中转联程和多等级的舱位顺序进行升舱变更(递增的舱位使用 NFD 查询)，改期费按照多等级正常舱位变更规定进行操作 (4) 若变更当天中转舱位均未开放，旅客仍要求变更，则按照旅客自愿退票处理		

<table>
<tr><th colspan="8">川航(3U)</th></tr>
<tr><td colspan="8">客服电话：028-88888888</td></tr>
<tr><td rowspan="2"></td><td rowspan="2">舱位</td><td rowspan="2">产品/折扣</td><td colspan="2">退票手续费</td><td colspan="2">变更手续费</td><td rowspan="2">备　注</td></tr>
<tr><td>航班规定离站时间 2 小时（含）前</td><td>航班规定离站时间 2 小时内及起飞后</td><td>航班规定离站时间 2 小时（含）前</td><td>航班规定离站时间 2 小时内及起飞后</td></tr>
<tr><td rowspan="19">适应日期：出票日期为 2012 年 8 月 1 日（含）以后，起飞日期为 2012 年 8 月 1 日（含）以后的客票</td><td>F</td><td>Y150%（含）以上</td><td>免收退票费</td><td>收取对应舱位公布运价 10%退票费</td><td>免费变更</td><td>收取对应舱位公布运价 5%变更费</td><td></td></tr>
<tr><td>A</td><td>YA100%
（高端经济舱）</td><td>收取对应舱位公布运价 10%退票费</td><td>收取对应舱位公布运价 15%退票费</td><td>收取对应舱位公布运价 5%变更费</td><td>收取对应舱位公布运价 10%变更费</td><td>YA 舱客规适用于：出票时间为 2013 年 10 月 25 日（含）以后，起飞时间为 2013 年 11 月 1 日（含）以后的客票</td></tr>
<tr><td>C</td><td>Y150%（含）以上</td><td>免收退票费</td><td rowspan="4">收取对应舱位公布运价 10%退票费</td><td rowspan="7">免费变更</td><td rowspan="7">收取对应舱位公布运价 5%变更费</td><td rowspan="17">1.除票价另有规定外，客票全部未使用，客票有效期自填开客票之日起，一年内运输有效；如果客票已部分使用，客票有效期自旅行之日起一年内运输有效。客票有效期的计算，从旅行开始或填开客票之日的次日零时至有效期满之日的次日零时为止
2.使用婴儿、革命伤残军人和因公致残人名警察客票类别和票价的客票，免收退票费
3.按 F/C/Y 舱票价计算的儿童，客票退票，航班规定离站时间 2 小时（含）之前，F/C 舱位免费退票；Y 舱位收取对应舱位公布运价 5%的退票费；航班规定离站时间 2 小时内及起飞后，F/C/Y 舱位收取对应舱位公布运价 10%的退票费</td></tr>
<tr><td>J</td><td>Y120%（含）以上</td><td rowspan="3">收取对应舱位公布运价 5%退票费</td></tr>
<tr><td>I</td><td>101%（含）以上</td></tr>
<tr><td>Y</td><td>100%~91%</td></tr>
<tr><td>T</td><td>90%~86%</td><td rowspan="3">收取对应舱位公布运价 10%退票费</td><td rowspan="3">收取对应舱位公布运价 20%退票费</td></tr>
<tr><td>W</td><td>85%~81%</td></tr>
<tr><td>H</td><td>80%~76%</td></tr>
<tr><td>M</td><td>75%~71%</td><td rowspan="4">收取对应舱位公布运价 20%退票费</td><td rowspan="4">收取对应舱位公布运价 30%退票费</td><td rowspan="4">收取对应舱位公布运价 5%变更费</td><td rowspan="4">收取对应舱位公布运价 10%变更费</td></tr>
<tr><td>G</td><td>70%~66%</td></tr>
<tr><td>S</td><td>65%~61%</td></tr>
<tr><td>L</td><td>60%~56%</td></tr>
<tr><td>Q</td><td>55%~51%</td><td rowspan="4">收取对应舱位公布运价 30%退票费</td><td rowspan="4">收取对应舱位公布运价 40%退票费</td><td rowspan="4">收取对应舱位公布运价 10%变更费</td><td rowspan="4">收取对应舱位公布运价 20%变更费</td></tr>
<tr><td>E</td><td>50%~46%</td></tr>
<tr><td>V</td><td>45%~41%</td></tr>
<tr><td>R</td><td>40%~36%</td></tr>
<tr><td>K</td><td>35%~31%</td><td colspan="4" rowspan="2">不得自愿改期、升舱。退票：仅退民航发展基金和燃油费，机票款不退</td></tr>
<tr><td>N</td><td>30%</td></tr>
</table>

(续)

川航(3U)						
客服电话：028-88888888						
舱位	产品/折扣	退票手续费		变更手续费		备　注
		航班规定离站时间2小时（含）前	航班规定离站时间2小时内及起飞后	航班规定离站时间2小时（含）前	航班规定离站时间2小时内及起飞后	
F/C	儿童票	免费变更	收取对应舱位公布运价10%退票费	免费变更	收取对应舱位公布运价5%变更费	
Y	儿童票	收取对应舱位公布运价5%退票费	收取对应舱位公布运价10%退票费	免费变更	收取对应舱位公布运价5%变更费	
婴儿票		免费退票		免费变更		
N	可销售3折以下舱位运价，客票类别项则填写Y+实际订座舱位字母代码，即YN。替代散客(Y0%~29%)票价区间运价	不得自愿改期、升舱。退票：仅退民航发展基金和燃油费，机票款不退				
X	若销售3折(含)以上舱位运价，填写该运价所对应的舱位客票类别代码	按照该客票类别所对应的规定执行				
X	若销售3折以下舱位运价，则为Y+实际订座舱位字母代码，即YX	1. 不得自愿改期、升舱 2. 仅退机建费和燃油费，机票款不退				
X	客票类别为YGV+折扣率(单程)、RT(往返)	按照团队相关规定执行				
D	远期铺垫产品，可销售7天外任何票价区间运价（Y0%~100%）	1.不得自愿改期、升舱 2.仅退民航发展基金和燃油费，机票款不退				
U(国内航线的中转联程及随意飞产品舱位)		客票类别项以下发的业务通告为准。不得自愿签转/改期/变更，允许自愿退票。自愿退票见川航特殊客票规定．				

(续)

川航(3U)							
客服电话：028-88888888							
	舱位	产品/折扣	退票手续费		变更手续费		备　注
			航班规定离站时间2小时（含）前	航班规定离站时间2小时内及起飞后	航班规定离站时间2小时（含）前	航班规定离站时间2小时内及起飞后	
	B(国际、地区航线的中转联程产品舱位）		相关业务管理规定以国际业务通告为准				
	P（头等舱产品子舱位）	按对应产品销售代码填写	不得自愿签转,改期/变更/退票见相关业务管理规定				
	P（头等舱签发证优免票）	F00或F+折扣率	凭川航签发证办理，随订随售/允许OPEN/不允许自愿签转/允许改期/免费退票				
	A（头等舱常旅客免票舱)	F+折扣率或F00	不得自愿签转,改期/变更/退票见相关业务管理规定				
	O（经济舱常旅客免票舱）	Y00	不得自愿签转,改期/变更/退票见相关业务管理规定				
	Z（经济舱签发证优免票）	Y00或Y+折扣率	凭川航签发证办理，随订随售/允许OPEN/不允许自愿签转/允许改期/免费退票				
	团体旅客退票规定	团队客票自愿退票					
		1.团队客票全程未使用，不得单退其中任意航段：（1）在始发航班规定离站时间72小时（含）以前取消订座，收取全程票面总价10%的退票费；（2）在始发航班规定离站时间前72小时以内至始发航班规定离站时间前一日中午12时（含）以前取消订座，收取全程票面总价30%的退票费；（3）在始发航班规定离站时间前一日中午12时以后至始发航班规定离站时间(含)以前取消订座，收取全程票面总价50%的退票费；（4）始发航班规定离站时间后提出退票，仅退民航发展基金和燃油费，客票款不退					
		2.团队客票部分航段使用情况下的退票费：应首先收取已使用航段的Y舱全价，剩余航段的退座时间以剩余航段的首发航段时间为界定，以全程票面总价为退票费计算基数，按照团队客票全程未使用规定收取退票费。如没有剩余金额，则仅退民航发展基金和燃油费，客票款不退					
		3.团体部分旅客自愿要求退票，参照以上团队客票自愿退票规定执行。如果旅客退票后造成剩余旅客不成团，则剩余旅客各航段需全部补齐Y舱全价后方予成行，否则全体团队旅客做自愿退票处理					

厦航（FM）

客服电话:8008582666　0592-95557

适用范围	舱位	产品/折扣	退票手续费：航班起飞时间2小时前（含2小时）	退票手续费：航班起飞时间前2小时内（不含2小时）及航班起飞后	变更：航班起飞时间2小时前（含2小时）	变更：航班起飞时间前2小时内（不含2小时）及航班起飞后	自愿签转	备　注
适用范围：出票日期为2013年9月12日（含）以后，起飞日期为2013年10月27日（含）以后的客票	P	300%	对应舱位等级全票价（P/F/J/Y）的5%退票费	对应舱位等级全票价（P/F/J/Y）的10%退票费	1. ≤3次，免费； 2. ＞3次，对应舱位等级全票价（P/F/J/Y）的5%变更费	对应舱位等级全票价（P/F/J/Y）的5%变更费	允许	1. 客票有效期 客票有效期指旅客所持客票的运输有效期。除票价另有规定外，客票有效期自旅行开始之日起，一年内运输有效；如果客票全部未使用，则从填开客票之日起，一年内运输有效 2. 自愿变更 自愿升舱需同时收取变更费以及新、旧舱位之间的票价差额。 注意：此升舱客规仅供参考，以代理人权限为准，升舱换开前请咨询客服或者提交改签申请待审核后再做处理 B1/Q1/V1舱位使用日期：2014年12月27日至2014年3月29日（航班日期）
	F	250%						
	J	230%						
	Y	100%						
	B	90%	经济舱全票价(Y)的10%	经济舱全票价（Y）的20%	经济舱全票价(Y)的5%	经济舱全票价(Y)的10%	不允许	
	B1	85%						
	M	85%						
	L	80%						
	K	75%						
	N	65%	经济舱全票价（Y）的20%	经济舱全票价（Y）的40%	经济舱全票价（Y）的10%	经济舱全票价（Y）的20%		
	Q	60%						
	Q1	55%						
	V	55%						
	V1	45%						
	T	50%						
	W/U/G/H	特价票	不得退票		不得更改			
	P	儿童票	对应舱位等级全票价（P/F/J/Y）的5%	对应舱位等级全票价（P/F/J/Y）的10%	1. ≤3次，免费； 2. ＞3次，对应舱位等级全票价（P/F/J/Y）的5%变更费	对应舱位等级全票价（P/F/J/Y）的5%	允许	
	F/J/Y							
	婴儿票		免费退票		免费变更			

(续)

厦航（FM）								
客服电话:8008582666　0592-95557								
	舱位	产品/折扣	退票手续费		变更		自愿签转	备　注
			航班规定离站时间前	航班规定离站时间后	航班规定离站时间前	航班规定离站时间后		
适用范围：出票日期为2012年3月8日（含）以后，起飞日期为2012年3月25日（含）以后的客票	P	300%	对应舱位等级（P）的5%	对应舱位等级（P）的10%	同舱位免费变更		允许	1. 自愿升舱需同时收取变更费以及新、旧舱位之间的票价差额。取消同日同航班升舱免收变更费的规定 注意：此升舱客规仅供参考，以代理人权限为准，升舱换开前请咨询客服或者提交改签申请待审核后再做处理
	F	250%	对应舱位等级（F）的5%	对应舱位等级（F）的10%				
	Y	100%	经济舱全价（Y）5%	经济舱全价（Y）10%	同舱位免费变更	经济舱全票价(Y)的5%		
	B	90%					不允许	
	H	85%						
	K	80%						
	L	75%	经济舱全票价(Y)的10%	经济舱全票价(Y)的20%	经济舱全票价(Y)的5%	经济舱全票价(Y)的10%		
	M	70%						
	N	65%						
	Q	60%						
	T	55%						
	V	50%	经济舱全票价(Y)的15%	经济舱全票价(Y)的25%	经济舱全票价(Y)的10%	经济舱全票价(Y)的15%		
	X	45%						
	R	40%						
	P	儿童票	对应舱位等级（P）的5%	对应舱位等级（P）的10%	同舱位免费变更	同舱位免费变更	允许	
	F		对应舱位等级（F）的5%	对应舱位等级（F）的10%				
	Y		收取Y舱公布运价的5%退票费	收取Y舱公布运价的10%退票费		收取Y舱公布运价的5%变更费		
	婴儿票		免费退票		免费变更			

<table>
<tr><th colspan="7">成都航空(EU)</th></tr>
<tr><td colspan="6">客服电话:028-66668888</td><td rowspan="2">备 注</td></tr>
<tr><td></td><td>舱位</td><td>产品/折扣</td><td>退票手续费</td><td>变更手续费</td><td>签转</td></tr>
<tr><td rowspan="17">适用范围：出票日期为2010年1月23日（含）以后的客票</td><td>A</td><td>150%</td><td rowspan="5">5%</td><td rowspan="3">免费变更</td><td rowspan="3">可以签转，仅限与成都航有签转协议的航空公司</td><td rowspan="17">1. 升舱换开:3 折(含)以上可自行升舱换开,当改期费和升舱费同时发生时,两者按较高者收取。名字中名(偏傍、音同字不同、异体字、形似字、英文名个别错)等可免费换开.必须是正常舱位的单程机票，两张票名字、证件、行程一致，升舱费大于变更费，新票出票前备注 EI 项。原编码飞机起飞前两个小时必须取消编码，不能成为误机状态；特殊备注的不能办理升舱全退。注意：此升舱客规仅供参考，以代理人权限为准，升舱换开前请咨询客服或者提交改签申请待审核后再做处理</td></tr>
<tr><td>J</td><td>120%</td></tr>
<tr><td>Y</td><td>100%</td></tr>
<tr><td>T</td><td>90%</td><td rowspan="2">免费变更</td><td rowspan="10">不得签转</td></tr>
<tr><td>H</td><td>80%</td></tr>
<tr><td>M</td><td>75%</td><td rowspan="4">10%</td><td rowspan="4">10%</td></tr>
<tr><td>G</td><td>70%</td></tr>
<tr><td>S</td><td>65%</td></tr>
<tr><td>L</td><td>60%</td></tr>
<tr><td>Q</td><td>55%</td><td rowspan="4">30%</td><td rowspan="4">20%</td></tr>
<tr><td>E</td><td>50%</td></tr>
<tr><td>V</td><td>45%</td></tr>
<tr><td>R</td><td>40%</td></tr>
<tr><td>K/I</td><td>特价舱位</td><td>退机建费和燃油费，机票款不退</td><td>不得自愿改期、升舱</td><td>不得签转</td></tr>
<tr><td>F/C/Y</td><td>儿童(正常儿童票)</td><td rowspan="3">免费退票</td><td rowspan="3">免费变更</td><td rowspan="3">可以签转，仅限与成都航有签转协议的航空公司</td></tr>
<tr><td>O</td><td>(儿童专用舱位)</td></tr>
<tr><td colspan="2">婴儿票</td></tr>
</table>

(续)

成都航空(EU)

客服电话:028-66668888

	舱位	产品/折扣	退票手续费	变更手续费	签转	备注
	特价:N/D/Z		若3折(含)以上,按照该客票类别所对应的规定执行	若3折(含)以上,按照该客票类别所对应的规定执行	不得签转	2. 变更后的客票如旅客要求退票，应按首次购票的客票舱位、票价及退票规定计算退票费，将最后一次客票的舱位价格扣除该退票费后的余额退还旅客，已收取的改期费不退 3. 升舱:代理人可办理。方法：重新出一张票,新出客票的行程单（如果打印）复印件或新出客票的历史记录附在原票后，原票全退.注意:须在新开客票上用 EI 指令注明原客票号/舱位/提出变更的次数；用 REMARK 指令备注原客票号码，打印新旧客票订座信息及退款信息单一同上交财务结算
			若3折以下,实际订座舱位字母代码为YN、YZ、YD时,仅退机建费和燃油	若3折以下,实际订座舱位字母代码为YN,YZ,YD时,不得自愿改期、升舱		
	往返W舱		限在原出票地办理，不得单退第一航段；也不得在前面航段未使用的情况下，单退后面任意航段。否则按全程自愿退票处理 (1) 客票全部未使用：第一航段起飞前退票按实收价的30%计收退票费，第一航段起飞后退票按实收价的 50%计收退票费 (2) 客票已部分使用：按实收总票价扣减已使用各航段分别的 Y 舱公布标准运价后，如有余额则按该余额的30%计收退票费,剩余金额退还旅客；如未有余额则不补不退	1. 改期：在未使用航段航班对应的相同舱位开放的前提下，可为旅客对航班单独或同时办理自愿改期 (1) 每次改期应按对应开放舱位重新订座，重新计算票价，补齐差额（如新票价低于原价格则差价不退），或按产品实收总价的 20%收取改期费。改期费与补差费同时发生时,按较高者收取一项 (2)改期仅限在川航直属售票处或川航指定代理人处办理，且所变更航班前后的时间间隔皆不得超过 72 小时		
	1.来回程及多航段客票的退票		1. 客票全部未使用时,按照单程的退票规则分别计收各段的退票手续费；若客票已部分使用提出申退,扣除已使用航段的舱位运价后,剩余航段按照单程的退票规则分别计收各段的退票手续费	2. 变更后的客票如旅客要求退票，应按首次购票的客票舱位、票价及退票规定计算退票费，将最后一次客票的舱位价格扣除该退票费后的余额退还旅客，已收取的改期费不退		

(续)

成都航空(EU)

客服电话:028-66668888

	舱位	产品/折扣	退票手续费	变更手续费	签转	备　注
	2. 团队退票		1. 客票全部未使用情况下,在航班规定离站时间前72小时(不含)之前提出退票收取票面价20%;离站时间前72小时(含)至航班规定离站时间(不含)以前提出退票,收取票面价50%的退票费;航班规定离站时间(含)及之后提出退票,仅退机建费和燃油费,客票款不退 2. 部分使用情况下提出退票,需扣除已使用航段的Y舱全价,剩余未使用航段客票在扣除已使用航段的Y舱全价后如没有剩余金额,则不予退票;如有剩余金额,未使用航段客票退票则参照团队客票全部未使用的规定予以退票 3. 团体部分旅客自愿要求退票,如果旅客退票后造成剩余旅客不成团,则剩余旅客各航段需全部补齐Y舱全价后方予成行,否则全体团队旅客做自愿退票处理			

吉祥航空(HO)

客服电话：021-95520

	舱位等级	票价级别	折扣率	备　注	退票费（按照对应舱位明折明扣公布运价标准收取，退票手续费不得低于50元）		更　改
					航班起飞前2小时（含）外	航班起飞前2小时内及航班起飞后	
适用日期：自2014年1月16日零时起执行，以出票运日期为准	F	F	220%	头等舱	免费	免费	免费更改
	A	F		头等舱子舱位			
	C	C		商务舱			
	D	C		商务舱子舱位			
	Y	Y	100%	经济舱	收取10%的退票手续费	收取15%的退票手续费	
	B	B	90%	经济舱子舱位			
	L	L	85%				
	M	M	80%				
	T	T	75%		收取20%的退票手续费	收取30%的退票手续费	
	E	E	70%				
	H	H	65%				
	V	V	60%				
	K	K	55%		收取40%的退票手续费	收取50%的退票手续费	
	W	W	50%				
	R	R	45%				
	Q	Q	40%				
	Z	Z	35%	经济舱自定义舱位	不得更改、退票		
	P	P		经济舱自定义舱位	不得更改、退票		

(续)

吉祥航空(HO)

客服电话：021-95520

舱位等级	票价级别	折扣率	备注	退票费（按照对应舱位明折明扣公布运价标准收取，退票手续费不得低于 50 元）		更改
				航班起飞前 2 小时（含）外	航班起飞前 2 小时内及航班起飞后	免费更改
X	X		经济舱提前购票舱位	收取 50%的退票手续费	不得退票	不得更改
N	优惠票		经济舱免票舱位			
J			头等舱免票舱位			
O			商务舱免票舱位			
G	YGOW/YGRT		中转联程舱位	详情参见《吉祥航空中转联程舱位使用细则》		
S	YSOW/YSRT					
I	YIOW/YIRT					
U	U		官网特价舱位	参见官网特价具体规定		
F/C/Y	FCH/CCH/YCH	50%	儿童票	不收取退票手续费		
F/C/Y	FIN/CIN/YIN	10%	婴儿票			
W	YWHOM50	50%	伤残军人经济舱			
	FWHOM50	50%	伤残军人头等舱			
W	YWFPP50	50%	伤残警察经济舱			
	FWFPP50	50%	伤残警察头等舱			

华夏航空（G5）

客服电话:4006006633

	舱位	产品/折扣	退票手续费		变更手续费		自愿签转	备注
			航班规定离站时间2小时前（含）取消订座	航班规定离站时间2小时内取消订座	航班规定离站时间2小时前（含）取消订座	航班规定离站时间2小时内取消订座		
适用范围：出票日期为2012年7月25日（含）以后的客票	F	300%	免费退票	5%	免费变更	5%	允许	1. 姓名错误不能免费换开，按退票处理 2. 升舱（变更舱位等级）：重新出一张票,新出票的行程单复印件附在原票后，原票申请全退 3. 客票自愿变更：如果更改后的订座舱位与原客票上列明的舱位不相符，按以下规定办理： (1) 从高票价舱位改为低票价舱位，按自愿退票办理； (2) 从低票价舱位改为高票价舱位，收取舱位变更费（即低票价到高票价舱位的价格差额），如果客票航班/日期变更与舱位变更同时进行，则同时收取航班/日期变更费和舱位变更费； (3) 舱位更改后的客票如再需改期，其变更收费按更改后的订座舱位使用条件办理
	Y	100%	5%	10%	5%	10%		
	P	96%	10%	20%	5%	10%	不允许	
	T	92%						
	K	88%						
	H	84%						
	M	80%	15%	30%	10%	20%		
	G	76%						
	S	72%						
	L	68%						
	Q	64%	30%	50%	20%	40%		
	E	60%						
	V	56%						
	R	50%						
	O	45%	不得退票		不允许自愿变更			
	U	40%						
	Z	35%						
	X	30%						

(续)

华夏航空（G5）

客服电话:4006006633

舱位	产品/折扣	退票手续费		变更手续费		自愿签转	备注
		航班规定离站时间2小时前（含）取消订座	航班规定离站时间2小时内取消订座	航班规定离站时间2小时前（含）取消订座	航班规定离站时间2小时内取消订座		
F	儿童票	免费退票	5%	免费变更	5%	允许	（附：航班/日期变更费是指旅客自愿更改乘坐航班或乘机日期所收取的手续费。舱位变更费是指旅客自愿从较低等级舱位改为较高等级舱位的票价差额） 4. 客票变更后退票，所收变更费不退，并按原客票舱位退票规定收取退票费
Y	儿童票	5%	10%	5%	10%		
婴儿票		免费退票		免费变更			
R	无陪儿童	10%		不允许自愿变更			
R	军残	20%		不允许自愿变更			
R	警残						
B/J/I	按照具体文件规定执行						
明折明扣对应舱位	团队	航班规定离站时间72小时前，收取50%的退票费；航班规定离站时间72小时(含）至24小时前（含）之间，收取80%退票手续费；航班规定离站时间24小时内，不得退票。联程、来回程、缺口程团队，如全部航段未使用按各航段按对应时间计算退票费，如第一航段已使用则后续航段不得退票。团队客票不允许自愿变更				不允许	
W	中转联程	全部航段未使用退票：航班规定离站时间24小时前收取20%手续费；航班规定离站24小时（含）内收取50%手续费；航班规定离站时间（含）后不得退票。如使用了第一航段，后续航段不得退票。联程客票不允许自愿变更					

奥凯航空（BK）

客服电话:4000668866　022-24903464　022-23233399

适用范围	舱位	产品/折扣	退票手续费		变更手续费		签转	备　注
			起飞前 2 小时（不含）之前取消座位	起飞前 2 小时以内及起飞后取消座位	起飞前 2 小时（不含）之前	起飞前 2 小时以内及航班起飞后		
适用范围：出票日期为 2013 年 07 月 03 日(含)以后的客票	F	200%	收取对应舱位公布运价 10%退票费	收取对应舱位公布运价 20%退票费	同舱位免费变更		可以签转，仅限与奥凯有签转协议的航空公司	1. 姓名变更 (1) 代理人售出的电子客票中旅客姓名：音同字不同、音似字（如前鼻音/后鼻音或 N/L 混淆）、异体字、形似字、个别字偏旁差错、英文名的个别字母（不超过 3 个字母）出错需要变更的，需在航班规定离站时间前提出，按非自愿退票处理，另出新票。营业部或机场候补柜台等奥凯直属售票处售出的客票可以进行更改 (2) 姓氏与名字不得同时变更。即，姓氏变更，名字就不再允许变更；名字变更，姓氏就不再允许变更 (3) 重新出票须保证姓名、证件号码、行程与原客票一致，且必须在 EI 签注栏备注：XMBG 原票号 2. 升舱 1) 升舱处理办法一。另出新票，原客票申请办理全退，但全退必须满足以下三个条件：
	F1	150%						
	Y	100%	收取 Y 舱公布运价 20%退票费	收取 Y 舱公布运价 30%退票费	同等舱位免费变更	收取 Y 舱公布运价 5%变更费	不得签转	
	B	90%						
	H	85%						
	K	80%						
	K1	78%						
	M	75%	收取 Y 舱公布运价 25%退票费	收取 Y 舱公布运价 35%退票费	收取 Y 舱公布运价 5%变更费	收取 Y 舱公布运价 10%变更费		
	M1	73%						
	L	70%						
	L1	68%						
	N	65%						
	N1	63%						
	Q	60%						
	Q1	58%						
	X	55%						
	X1	53%						
	E	50%	收取 Y 舱公布运价 30%退票费		收取 Y 舱公布运价 10%变更费	收取 Y 舱公布运价 15%变更费		
	U	45%						
	T	40%						
	O	30%	只退机场建设费及燃油附加费		不得自愿变更航班、日期，不得升舱。			

(续)

奥凯航空（BK）							
客服电话:4000668866　022-24903464　022-23233399							
舱位	产品/折扣	退票手续费		变更手续费		签转	备　注
		起飞前 2 小时（不含）之前取消座位	起飞前 2 小时以内及起飞后取消座位	起飞前 2 小时（不含）之前	起飞前 2 小时以内及航班起飞后		
F	儿童票	收取对应舱位票面价的 10%退票费	收取对应舱位票面价的 20%退票费	同舱位免费变更		可以签转，仅限与奥凯有签转协议的航空公司	(1) 办理舱位变更的代理人必须是原出票代理，且出票 office 号相同； (2) 新票必须在 EI 签注栏备注：原舱位/新舱位 原票号 不得签转； (3) 新票使用后，原客票方可申请办理退款（如新票未使用，新旧客票应按自愿退票办理）。退票时代理人需填写退票单，将原客票行程单原件、新客票行程单复印件附后，一并递交航协 DPC（BSP 数据处理中心） 2) 升舱处理办法二。客票换开，收取差价。用 OI 指令做换开，EI 签注“不得签转”。客票未使用，若提出退票，新票按自愿退票处理，且收取票价差价 100%的退票费；同时还原旧票状态，按自愿退票处理。若多次升舱后提出退票，仅第一张客票可以办理非自愿退票，其他客票均收取票价差价 100%的退票费
Y		收取 Y 舱公布运价的 20%退票费	收取 Y 舱公布运价的 30%退票费	同等舱位免费变更	收取 Y 舱公布运价的 5%变更费		
	婴儿票	免费退票		免费变更			
I	中转联程（YZZLC）	按产品规定及特价销售政策执行，未作产品特别说明的，按本文件中订座折扣舱位对应规定办理		按产品规定及特价销售政策执行，未作产品特别说明的，按本文件中订座折扣舱位对应规定办理		不得签转	
Z/J	中转北京						
A	网站专享						
S	提前销售						
R/W/P	特价						
D	往返舱	客票全部未使用，按相应折扣舱位办理退票；分段不予退票					

(续)

奥凯航空（BK）							
客服电话:4000668866 022-24903464 022-23233399							
舱位	产品/折扣	退票手续费		变更手续费		签转	备注
		起飞前 2 小时（不含）之前取消座位	起飞前 2 小时以内及起飞后取消座位	起飞前 2 小时（不含）之前	起飞前 2 小时以内及航班起飞后		
G	团队（YG）	1) 全部未使用的团队（含单段、多段及往返团队），退票费计算首先分别判断相应航段折扣，再按照第一航段航班时间确定退票费率。①五折以上：团体旅客自愿退票在航班规定离站时间前一天中午 12:00(含)前提出，按照相应舱位折扣的退票规定进行办理；在航班规定离站时间前一天中午 12:00 至航班规定离站时间前 2 小时之前提出，收取票面价 50%的退票费；在航班规定离站时间前 2 小时（含）内及航班规定截载时间后提出，客票作废，票款不退。如部分团体旅客提出退票，造成乘机人数少于该票价规定的最低成团人数时，不予退票。②五折（含）以下，无论何时提出退票，只退还民航发展建设基金及燃油附加费 2) 若多段及往返团队使用其中一段后，其余段提出申退，只退还民航发展建设基金及燃油附加费		团队客票不得自愿变更航班、日期，不得升舱			3) 4 折以下舱位不得升舱 4) 如客票更改航班、日期与低舱位改高舱位同时进行，只收取舱位差价，不收变更费 5) 主舱位与子舱位之间的变更，需补齐差价。例如，K1 变更至 K、X1 变更至 M，Q 变更至 K1，需补齐差价
V	职工/宾客优惠票	未成行可申请全退。操作办法详见《奥凯航[2012]350 号 关于修订下发《奥凯航空有限公司宾客及员工出差使用公司机票管理规定(暂行)》的通知》（如有更新，请以最新下发文件为准）		同舱位免费变更			

<table>
<tr><th colspan="10">河北航空（NS）</th></tr>
<tr><td colspan="10">客服电话：0311-96699</td></tr>
<tr><th rowspan="2"></th><th rowspan="2">订座舱位</th><th>客票类别</th><th rowspan="2">票价区间</th><th colspan="2">自愿退票</th><th colspan="2">同舱改期</th><th rowspan="2">自愿签转</th><th rowspan="2">备　注</th></tr>
<tr><th>公布运价/折上折运价</th><th>航班规定离站时间2小时前取消订座</th><th>航班规定离站时间2小时（含）之内及起飞后取消订座</th><th>航班规定离站时间2小时前取消订座</th><th>航班规定离站时间2小时（含）之内及起飞后取消订座</th></tr>
<tr><td rowspan="18">适应范围：自2014年1月16日出票\2014年1月22日乘机日期起执行</td><td>F</td><td>F或FF</td><td>Y 200%~161%</td><td>免费退票</td><td rowspan="2">10%</td><td rowspan="2">免费</td><td rowspan="2">5%</td><td>允许</td><td rowspan="18">1. 一舱多价，按照同舱改期处理
2. 改期费与升舱费同时产生时，只收升舱费</td></tr>
<tr><td>A</td><td>A或FA</td><td>Y 160%~101%</td><td rowspan="4">10%</td><td>不允许</td></tr>
<tr><td>Y</td><td>Y或YY</td><td>Y 100%~91%</td><td rowspan="3">20%</td><td rowspan="3">5%</td><td rowspan="3">10%</td><td>允许</td></tr>
<tr><td>T</td><td>T或YT</td><td>Y 90%~86%</td><td rowspan="10">不允许</td></tr>
<tr><td>H</td><td>H或YH</td><td>Y 80%~76%</td></tr>
<tr><td>M</td><td>M或YM</td><td>Y 75%~71%</td><td rowspan="4">20%</td><td rowspan="4">30%</td><td rowspan="4">10%</td><td rowspan="4">20%</td></tr>
<tr><td>G</td><td>G或YG</td><td>Y 70%~66%</td></tr>
<tr><td>S</td><td>S或YS</td><td>Y 65%~61%</td></tr>
<tr><td>L</td><td>L或YL</td><td>Y 60%~56%</td></tr>
<tr><td>Q</td><td>Q或YQ</td><td>Y 55%~51%</td><td rowspan="4">40%</td><td rowspan="4">50%</td><td rowspan="4">20%</td><td rowspan="4">30%</td></tr>
<tr><td>E</td><td>E或YE</td><td>Y 50%~46%</td></tr>
<tr><td>V</td><td>V或YV</td><td>Y 45%~41%</td></tr>
<tr><td>R</td><td>R或YR</td><td>Y 40%~Y36%</td></tr>
<tr><td>A</td><td colspan="2" rowspan="3">儿童票</td><td>10%</td><td rowspan="2">10%</td><td rowspan="2">免费</td><td rowspan="2">5%</td><td></td></tr>
<tr><td>F</td><td>免费退票</td><td></td></tr>
<tr><td>Y</td><td>10%</td><td>20%</td><td>5%</td><td>10%</td><td></td></tr>
<tr><td></td><td colspan="2">婴儿票</td><td colspan="2">免费退票</td><td colspan="2">免费改签</td><td></td></tr>
</table>

(续)

河北航空（NS）

客服电话：0311-96699

订座舱位	客票类别	票价区间	自愿退票		同舱改期		自愿签转	备注
	公布运价/折上折运价		航班规定离站时间2小时前取消订座	航班规定离站时间2小时（含）之内及起飞后取消订座	航班规定离站时间2小时前取消订座	航班规定离站时间2小时（含）之内及起飞后取消订座		
K/Z/D	若销售3.6折(含)以上舱位运价，填写该运价所对应的舱位客票类别代码	可销售任何票价区间运价，Y-R舱位票价区间仅作为K/Z/D舱确定客票类别的依据，不作为明折明扣折上折的依据	按照该客票类别所对应的规定执行		按照该客票类别所对应的规定执行		不允许	
	若销售3.6折以下舱位运价，则为Y+实际订座舱位字母代即YK,YZ,YD		仅退机建费和燃油费，机票款不退		不得自愿改期/升舱			
W/X/B/U/O/I	见河北航空相关特殊舱位产品销售管理规定							
P(头等舱各类优免票)	F00或F+折扣率							
J(经济舱常旅客优免票)	Y00或Y+折扣率							
N(经济舱优免票)	Y00或Y+折扣率							
客票有效期	除票价另有规定外，客票全部未使用，客票有效期自填开客票之日起，一年内运输有效；如果客票已部分使用，客票有效期自旅行之日起一年内运输有效							

<table>
<tr><th colspan="9">首都航空(JD)</th></tr>
<tr><td colspan="7">客服电话:0898-95071999</td><td rowspan="3">签转</td><td rowspan="3">备　注</td></tr>
<tr><td rowspan="20">首都航空（此规定从2014年1月1日开始执行）</td><td rowspan="2">舱位</td><td rowspan="2">产品</td><td colspan="2">退票</td><td colspan="2">改签</td></tr>
<tr><td>航班起飞前(含)</td><td>航班起飞后</td><td>航班起飞前(含)</td><td>航班起飞后</td></tr>
<tr><td>F</td><td>头等舱</td><td>5%</td><td>10%</td><td>免费</td><td>10%</td><td>允许</td><td rowspan="18">注意事项：
1. 各销售单位在销售各类客票时，必须事先向旅客说明相关舱位或产品规定、使用条件、限制条件、签转、变更、退票规定，尽到提前告之义务，以免发生不必要的投诉
2. 本通知自2014年1月1日起生效。出票日期在2014年1月1日前的客票，若发生客票变更、退票、改签业务仍按北京首都航空第四版票务规定执行，出票日期在2014年1月1日后的客票，若发生客票变更、退票、改签业务按本文件执行。届时原北京首都航空票务规定（第四 版）同时废止
3. 出票日期在 2014年1月1日前的客票，若变更至1月1日后再进行退改签业务处理，则按本规定办理</td></tr>
<tr><td>P</td><td>头等舱免票舱(公务、宾客优惠票，金鹏会员积分兑换免票)</td><td colspan="4">依据相应规定执行</td><td></td></tr>
<tr><td>A</td><td>CZTD</td><td colspan="4">依据相应规定执行</td><td></td></tr>
<tr><td>C</td><td>公务舱</td><td>5%</td><td>10%</td><td>免费</td><td>10%</td><td>允许</td></tr>
<tr><td>Y</td><td></td><td>5%</td><td>10%</td><td>免费</td><td>10%</td><td>允许</td></tr>
<tr><td>B</td><td>9折</td><td rowspan="8">20%</td><td rowspan="8">30%</td><td rowspan="8">10%</td><td rowspan="8">20%</td><td rowspan="13">不允许</td></tr>
<tr><td>H</td><td>8.5折</td></tr>
<tr><td>K</td><td>8折</td></tr>
<tr><td>L</td><td>7.5折</td></tr>
<tr><td>M</td><td>7折</td></tr>
<tr><td>M1</td><td>6.5折</td></tr>
<tr><td>Q</td><td>6折</td></tr>
<tr><td>Q1</td><td>5.5折</td></tr>
<tr><td>X(提前5天内出票</td><td>5折</td><td rowspan="3">50%</td><td rowspan="3">100%</td><td rowspan="3">20%</td><td rowspan="3">30%</td></tr>
<tr><td>U(提前5天内出票)</td><td>4.5折</td></tr>
<tr><td>E(提前5天内出票)</td><td>4折</td></tr>
<tr><td>T</td><td>3.5折</td><td colspan="4" rowspan="2">不得自愿签转、变更、退票</td></tr>
<tr><td>T1</td><td>3.3折</td></tr>
</table>

(续)

首都航空(JD)

客服电话:0898-95071999

舱位	产品	退票		改签		签转	备　注
		航班起飞前(含)	航班起飞后	航班起飞前(含)	航班起飞后		
T2	3.1 折						4. 升舱变更时，收取原舱位票面价与适用新舱位间票价差额，同时按各舱位对应规则收取变更费 5. 升舱后退票，舱位间票价差额退回旅客，不收取退票费，只收取原客票对应舱位退票费 6. I 舱任何时候不允许同舱变更，若升舱必须升至 E 舱以上且高于原舱位，并征收舱位间差价和对应折扣变更费
T3	2.9 折						
T4	2.7 折						
Z	2.5 折						
Z1	2.3 折						
Z2	2 折						
Z3	折扣不定						
Z4							
N	折扣不定	按具体产品规定					
G	团队舱	50%	100%	不得自愿变更			
S	Y100	依据产品规则执行					
D	折扣不定						
J	往返无忧产品舱						
I	网站产品销售专用舱						
V/R	中转联程专用舱						
W	PCK 免票舱						
O	FIC/FBS/PPB/FNP 免票舱						
F/C/Y	儿童票	5%	10%	免费改签	10%	允许	
	婴儿票	免费退票		免费改签			

幸福航空（JR）

客服电话：4008680000

	舱位	产品/折扣	退票手续费		变更手续费		备注
			航班规定起飞前取消座位	航班规定起飞后取消座位	航班规定起飞前取消座位	航班规定起飞后取消座位	
适用范围：出票日期为2012年11月13日（含）以后的客票	Y	100%	5%		免费变更		**团队票票务规定** 1. 退票规定： 1)整团旅客自愿退票规定在航班规定离站时间72小时（含）以前，收取客票价 10%的退票费；在航班规定离站时间72小时以内至规定离站时间前一天中午12：00（含）以前，收取客票价30%的退票费；在航班规定离站时间前一天中午12：00以后至航班截载办理乘机手续之前，收取票面价格 50%的退票费；在航班截载办理乘机手续以后，客票作废，票款不退
	B	90%	10%		免费变更	免费变更一次 再次变更，收取10%变更费 无同等舱位时，升舱费与变更费比较取其高者	
	H	80%					
	M	70%					
	R	60%	20%				
	S	55%					
	V	50%	50%				
	T	45%					
	W	70%~99%	10%		不允许同舱位变更 允许升舱一次且至6折（含）以上舱位 再次变更参照升舱后舱位相应规定办理		
	X	55%~69%	20%				
	G	40%~54%	50%				
	I	40%以下	不得退票				
	按照对应折扣匹配手续费		不得自愿退票，只退机建和燃油				
	儿童票		5%		免费变更	免费变更一次再次变更，收取10%变更费	
	婴儿票		免费变更		免费变更		

(续)

幸福航空（JR）							
客服电话：4008680000							备 注
	舱位	产品/折扣	退票手续费		变更手续费		
			航班规定起飞前取消座位	航班规定起飞后取消座位	航班规定起飞前取消座位	航班规定起飞后取消座位	
	0	100%	自愿退票收取票面价 5%的退票费		实际超售情况下，允许同舱位变更或变更至后续航班 Y 舱		2）部分旅客自愿退票规定如团队剩余乘机人数不少于政策中规定的最少成团人数时，则未使用客票按团队退票规定办理；已部分使用的团队客票（即来回程、联程、缺口程退单程的情况），应将团体旅客原付折扣票价总金额扣除该团体已使用（或需使用）航段的单程团票款后，再按团队退票规定向退票旅客收取所退航段的退票费，差额多退少补 如团队剩余乘机人数少于政策中规定的最少成团人数时，则不允许退票
	K	团队舱位	根据团队对应的适用销售政策执行		不得变更		
	Q	中转联程	由特定政策规定				
	E	以 NFD 查询为准					
	N	特殊产品					
	L						
	U		不得自愿退票		航班起飞前 24 小时提出，否则不予变更		
	J				不得变更		
	Z	免票	由特定政策规定		由特定政策规定		

<table>
<tr><th colspan="7">西藏航空（TV）</th></tr>
<tr><td colspan="7">客服电话:4008089188</td></tr>
<tr><td colspan="7">涉藏航线 Y 舱自愿改期、退票规定</td></tr>
<tr><td rowspan="2">适用时间</td><td rowspan="2">订座舱位</td><td colspan="2">退票手续费</td><td colspan="2">变更手续费</td><td>备　注</td></tr>
<tr><td>航班起飞前 2 小时（含）之前取消订座（以客票上的航班起飞时间为准）</td><td>航班起飞前 2 小时之内及航班起飞后取消订座（以客票上的航班起飞时间为准）</td><td>航班起飞前 2 小时（含）之前取消订座（以客票上的航班起飞时间为准）</td><td>航班起飞前 2 小时之内及航班起飞后取消订座（以客票上的航班起飞时间为准）</td><td rowspan="2">1. 适用范围：各销售代理人使用 BSP、B2B 销售的客票
2. 涉藏航线 Y 舱自愿改期、退票规定：适用于销售林芝、邦达、阿里、日喀则进出港航班的客票；儿童、婴儿、军（警）残旅客不适用
3. 不在此期间的客票改期到此期间，均按照此规定执行
4. 此期间的客票改期到不是此期间，均按照此规定执行
5. Y 舱自愿改期、退票规定办理</td></tr>
<tr><td>自 2013 年 12 月 8 日起（以出票日期为准），销售 2013 年 12 月 8 日至 2014 年 2 月 24 日期间航班日期的客票</td><td>Y</td><td>20%</td><td>30%</td><td>10%</td><td>20%</td></tr>
</table>

(续)

西藏航空（TV）								
客服电话:4008089188								
普通航线								
	舱位	产品/折扣	退票手续费		变更手续费		自愿签转	备　注
			航班起飞前 2 小时之前取消订座	航班起飞前 2 小时之内及航班起飞后取消订座	航班起飞前 2 小时之前取消订座	航班起飞前 2 小时之内及航班起飞后取消订座		
适用范围：出票日期为 2012 年 1 月 11 日（含）以后的客票	F	250%	免费退票	10%	免费变更	5%	允许	此升舱客规仅供参考，以代理人权限为准，升舱换开前请咨询客服或者提交改签申请待审核后再做处理
	A	220%						
	Y	100%	5%					
	B	90%	10%	20%		10%	不允许	
	M	88%						
	H	80%						
	K	75%						
	L	70%	30%	40%	20%	30%		
	J	65%						
	Q	60%						
	G	50%						
	V	45%						
	R	40%						
	T/U/W/Z	特价	3 折以上的客票： (1)客票全部未使用：按照该客票类别所对应的规定执行 (2)客票已部分使用：扣除已使用航段的 Y 舱公布票价，如有余额，退还旅客，不再另行收取退票手续费 3 折以下仅退机建费和燃油费，机票款不退		若销售 3 折以上舱位的运价，按照该客票类别所对应的规定执行；3 折（含）以下，不得自愿改期、升舱			
	/I/D/P 舱							
	(OW/RT)产品							
	F/Y	儿童票	免费退票		免费变更		允许	
		婴儿票						

(续)

西藏航空（TV）								
客服电话:4008089188								
普通航线								
	舱位	产品/折扣	退票手续费		变更手续费		自愿签转	备　注
			航班起飞前2小时之前取消订座	航班起飞前2小时之内及航班起飞后取消订座	航班起飞前2小时之前取消订座	航班起飞前2小时之内及航班起飞后取消订座		
	S	联程	(1)客票全部未使用：收取票面价格的30%作为退票手续费，余额退还 (2)客票已部分使用：扣除已使用航段的Y舱公布票价，如有余额，退还旅客，不再另行收取退票手续费		每次收取票面价格20%的改期费			
	团队	1)团体旅客自愿退票,按下列规定收取退票费: (1)在航班规定离站时间72小时(含)以前,收取客票价10%的退票费 (2)在航班规定离站时间前72小时以内至航班规定离站时间前一日中午12时(含)以前,收取客票价30%的退票费 (3)在航班规定离站时间前一日中午12时以后至航班规定离站时间以前,收取客票价50%的退票费 (4)在航班规定离站时间以后,客票作废,票款不退 (5)持联程/来回程客票的团体旅客要求退票,分别按本条第(1)第(2)或第(3)款的规定收取各航段的退票费 2)部分团体旅客自愿退票,除客票附有限制条件者外,按下列规定办理: (1)如乘机的旅客人数不少于该票价规定的最低团体人数时,按“团体旅客自愿退票”规定办理 (2)如乘机的旅客人数少于该票价规定的最低团体人数时,分别按下列规定办理: 如客票全部未使用,应按团体旅客原折扣票价总金额扣除乘机旅客按正常票价计算的票款总金额后,再扣除"团体旅客自愿退票"规定的退票费,差额多退少不补 如客票部分未使用,应将团体旅客原付折扣票价总金额扣除该团体已使用航段的票款后,再扣除乘机旅客按正常票价计算的未使用航段票款总金额及"团体旅客自愿退票"规定的退票费,差额多退少不补			不得更改			

(续)

西藏航空（TV）								
客服电话:4008089188								
特殊航线								
	使用时间	折扣	退票手续费		变更费		自愿签转	备注
			航班起飞前2小时（含）之前取消订座（以客票上的航班起飞时间为准）	航班起飞前2小时之内及航班起飞后取消订座（以客票上的航班起飞时间为准	航班起飞前2小时（含）之前取消订座（以客票上的航班起飞时间为准）	航班起飞前2小时之内及航班起飞后取消订座（以客票上的航班起飞时间为准		
西藏航空(TV)	自2013年6月20日起（以出票日期为准，销售2013年7月1日至2013年9月15日期间航班日期的客票	Y	20%	30%	10%	20%		适用于销售拉萨、林芝、邦达、阿里、日喀则进出港航班的客票；儿童、婴儿、军（警）残旅客不适用
	自2013年7月23日起（以出票日期为准），销售2013年7月23日至2013年8月31日期间航班日期的客票	Y	20%	30%	10%	20%		适用于销售林芝、邦达、阿里、日喀则进出港航班的客票；儿童、婴儿、军（警）残旅客不适用

<table>
<tr><th colspan="8">昆明航空（KY）</th></tr>
<tr><td colspan="8">客服电话：4008876737</td></tr>
<tr><td rowspan="2"></td><td rowspan="2">舱位</td><td rowspan="2">产品/折扣</td><td colspan="2">退票手续费</td><td colspan="2">变更费（每次）</td><td rowspan="2">备　注</td></tr>
<tr><td>航班起飞前 2 小时之前</td><td>航班起飞前 2 小时之内及航班起飞后</td><td>航班起飞前 2 小时之前</td><td>航班起飞前 2 小时之内及航班起飞后</td></tr>
<tr><td rowspan="16">适用范围：出票日期为 2012 年 3 月 1 日（含）以后的客票</td><td>F</td><td>销售系统查询为准</td><td rowspan="2">免费退票</td><td rowspan="2">5%</td><td rowspan="6">免费变更</td><td rowspan="2">免费变更</td><td rowspan="16">1. 儿童/婴儿/革命伤残军人和因公致残人民警察客票免收退票费
2. 改期时无同等舱位开放，可以升舱至高折扣舱位，如客票改期与低舱位改高舱位同时进行,则只收取实际舱位票价差额</td></tr>
<tr><td>C</td><td>销售系统查询为准</td></tr>
<tr><td>Y</td><td>100%</td><td rowspan="4">5%</td><td rowspan="4">10%</td><td rowspan="4">5%</td></tr>
<tr><td>B</td><td>90%</td></tr>
<tr><td>M</td><td>85%</td></tr>
<tr><td>H</td><td>80%</td></tr>
<tr><td>K</td><td>75%</td><td rowspan="5">20%</td><td rowspan="5">20%</td><td rowspan="5">10%</td><td rowspan="5">10%</td></tr>
<tr><td>L</td><td>70%</td></tr>
<tr><td>J</td><td>65%</td></tr>
<tr><td>Q</td><td>60%</td></tr>
<tr><td>Z</td><td>55%</td></tr>
<tr><td>G</td><td>50%</td><td rowspan="3">50%</td><td rowspan="3">50%</td><td rowspan="3">20%</td><td rowspan="3">20%</td></tr>
<tr><td>V</td><td>45%</td></tr>
<tr><td>W</td><td>40%</td></tr>
<tr><td>F/Y/C</td><td>儿童票</td><td colspan="2" rowspan="2">免费退票</td><td colspan="2" rowspan="2">免费变更</td></tr>
<tr><td colspan="2">婴儿票</td></tr>
</table>

西部航空（PN）

客服电话：950716

适用范围	舱位	产品/折扣	退票手续费：航班计划离站时间24小时前(含)	退票手续费：航班计划离站时间24小时内及离站时间后	变更：航班计划离站时间24小时前(含)	变更：航班计划离站时间24小时内及离站时间后	签转	备注
适用范围：出票日期为2013年05月08日（含）以后客票	Y	100%	15%	25%	10%	15%	允许	此升舱客规仅供参考，以代理人权限为准，升舱换开前请咨询客服或者提交改签申请待审核后再做处理
	B	90%					不允许	
	H	82%						
	K	74%						
	L	67%						
	M	61%						
	R	55%						
	Q	50%						
	D	45%						
	X	40%						
	U	特殊舱位	不得退票		不得变更		不允许	
	A							
	E							
	W							
	Z							
	T							
	I							
	Y	儿童票	15%	25%	10%	15%	允许	
	婴儿票		免费退票		免费变更			
	J	备用舱位	按对应舱位规则执行				不允许	
	V							
	S							
	N	网站促销	按产品规则执行					
	P	秒杀产品	按产品规则执行					
	G	团队舱	按团队规则执行					
	O	免票舱	按西部航空规定执行					

<table>
<tr><th colspan="9">天津航空（GS）</th></tr>
<tr><td colspan="9">客服电话：950710</td></tr>
<tr><td rowspan="27">适用范围：出票日期为2013年8月15日（含）以后的客票</td><td rowspan="2">舱位</td><td rowspan="2">产品/折扣</td><td colspan="2">退票手续费</td><td colspan="2">变更手续费</td><td rowspan="2">自愿签转</td><td rowspan="2">备　注</td></tr>
<tr><td>航班规定离站时间前（含）</td><td>航班规定离站时间后</td><td>航班规定离站时间前（含）</td><td>航班规定离站时间后</td></tr>
<tr><td>F</td><td>200%</td><td rowspan="2">5%</td><td rowspan="2">10%</td><td rowspan="2">免费变更</td><td rowspan="2">10%</td><td rowspan="2">允许</td><td rowspan="25">一、舱位间的变更
1. 从高等级舱位改为低等级舱位或高票价变更至低票价，按自愿退票办理，重购客票
2. 从低等级舱位改为高等级舱位或低票价变更至高票价，客票换开时，收取原票面价与变更后适用舱位票价的票款差额，同时，按各舱位对应规则收取变更费
3. 升舱变更时，收取原舱位票面价与适用新舱位间票价差额，同时按各舱位对应规则收取变更费
二、升舱后退票
1. 升舱后的客票如旅客要求退票，应先退还旅客舱间票款差价，再按客票“票价级别”或“签注”栏标注的原舱位的退票规定办理，（多次升舱按第一张客票退座时间）收取退票费
注：BSP ET 升舱及网站电子客票升舱后的退票操作规定参照现行天津航空 BSP 及电子客票网站国内电子客票变更操作规定办理
2. 客票变更后若提出退票，所收变更费不退</td></tr>
<tr><td>F1</td><td>150%</td></tr>
<tr><td>P</td><td>PCK/FBS/ FPB/BBB</td><td colspan="2" rowspan="2">依据产品规则执行</td><td colspan="2" rowspan="2">依据产品规则执行</td><td>不允许</td></tr>
<tr><td>A</td><td>FCTD</td><td>依据产品规则执行</td></tr>
<tr><td>C</td><td>130%</td><td rowspan="2">5%</td><td rowspan="2">10%</td><td rowspan="2">免费变更</td><td rowspan="2">10%</td><td rowspan="2">允许</td></tr>
<tr><td>D</td><td>公务舱子舱位</td></tr>
<tr><td>J</td><td>公务舱子舱位</td><td colspan="2">依据产品规则执行</td><td colspan="2">依据产品规则执行</td><td>不允许</td></tr>
<tr><td>Y</td><td>100%</td><td>5%</td><td>10%</td><td>免费变更</td><td>10%</td><td>允许</td></tr>
<tr><td>B</td><td>90%</td><td rowspan="8">20%</td><td rowspan="8">30%</td><td rowspan="8">10%</td><td rowspan="8">20%</td><td rowspan="11">不允许</td></tr>
<tr><td>H</td><td>85%</td></tr>
<tr><td>K</td><td>80%</td></tr>
<tr><td>L</td><td>75%</td></tr>
<tr><td>M</td><td>70%</td></tr>
<tr><td>M1</td><td>65%</td></tr>
<tr><td>Q</td><td>60%</td></tr>
<tr><td>Q1</td><td>55%</td></tr>
<tr><td>X</td><td>50%</td><td rowspan="3">50%</td><td rowspan="3">不得退票</td><td rowspan="3">20%</td><td rowspan="3">30%</td></tr>
<tr><td>U</td><td>45%</td></tr>
<tr><td>E</td><td>40%</td></tr>
<tr><td>T</td><td>T</td><td colspan="2" rowspan="2">不得退票</td><td colspan="2" rowspan="4">按各舱位对应规则执行</td><td rowspan="4">根据产品及特价销售政策执行</td></tr>
<tr><td>Z</td><td>Z</td></tr>
<tr><td>V</td><td>GSVC</td><td colspan="2">按各舱位对应规则执行</td></tr>
<tr><td>I</td><td>TQGP</td><td colspan="2">不得退票</td></tr>
<tr><td>F/C/Y</td><td>儿童票</td><td>5%</td><td>10%</td><td>免费变更</td><td>10%</td><td rowspan="2">允许</td></tr>
<tr><td colspan="2">婴儿票</td><td colspan="2">免费退票</td><td colspan="2">免费变更</td></tr>
</table>

祥鹏航空（8L）

客服电话:0898-95071950

	舱位	产品/折扣	退票手续费		变更手续费		签转规定	备　注
			航班规定离站时间前（含）	航班规定离站时间后	航班规定离站时间前（含）	航班规定离站时间后		
适用范围：出票日期为2013年10月27日（含）以后的客票	F	250%	5%	10%	免费变更	10%	允许	一、舱位间的变更 1. 从高等级舱位改为低等级舱位或高票价变更至低票价，按自愿退票办理，重购客票 2. 从低等级舱位改为高等级舱位或低票价变更至高票价，客票换开时，收取原票面价与变更后适用舱位票价的票款差额，同时，按各舱位对应规则收取变更费 3. 升舱变更时，收取原舱位票面价与适用新舱位间票价差额，同时按各舱位对应规则收取变更费 二、升舱后退票 1. 升舱后的客票如旅客要求退票，应先退还旅客舱间票款差价，再按客票“票价级别”或“签注”栏标注的原舱位的退票规定办理(多次升舱按第一张客票退座时间)收取退票费
	F1	头等舱子舱位					不允许	
	P	头等舱子舱位	依据祥鹏规定执行					
	A	头等舱子舱位	依据产品规则执行					
	C	公务舱	5%	10%	免费变更	10%	允许	
	Y	100%						
	B	90%	20%	40%	10%	20%	不允许	
	H	85%						
	K	80%						
	L	75%						
	M	70%						
	M1	65%						
	Q	60%~57%						
	Q1	55%~52%						
	X	50%~47%						
	U	45%~42%						
	E	40%~37%						
	D	35%	不得自愿退票					
	J	30%						
	Z(Z1-Z4)	3折（不含）以下特价						
	F/C/Y	儿童票	5%	10%	免费变更	10%	允许	

(续)

祥鹏航空（8L）

客服电话:0898-95071950

	舱位	产品/折扣	退票手续费		变更手续费		签转规定	备　注
			航班规定离站时间前（含）	航班规定离站时间后	航班规定离站时间前（含）	航班规定离站时间后		
	婴儿票		免费退票		免费变更		允许	注：BSP ET 升舱及网站电子客票升舱后的退票操作规定参照现行天津航空 BSP 及电子客票网站国内电子客票变更操作规定办理
	N	YMS	依据产品规则执行				不允许	
	T	产品舱位						
	I	TQGP	依据祥鹏规定执行				不允许	
	O	FIC/FBS/PPB /FAG/FNP						
	S	PCK(积分兑换)						
	G	YGV(团队）						

旧客规

航空公司	舱位	产品/折扣	退票手续费		变更手续费		自愿签转	备　注
			航班规定离站时间前（含）	航班规定离站时间后	航班规定离站时间前（含）	航班规定离站时间后		
适用范围：出票日期为2013年5月1日（含）以后的客票	F	200%	免费退票	10%	免费变更	5%	允许	一、新旧规定过渡期票务处理原则： 1. 出票日期在2013年5月1日前，若发生的客票变更、退票、改签业务操作业务仍按原国内航班多等级舱位管理规定办理（GSYW2012-014 关于下发天津航空国内航班多等级舱位管理规定的通知）；出票日期在2013年5月1日（含）以后，若发生的客票变更、退票、改签业务操作业务按本文件执行 2. 出票日期在5月1日前的客票，若变更至5月1日后再进行退改签业务处理，则按本规定办理
	F1	150%						
	P	PCK/FBS/ FPB/BBB	依据产品规则执行		依据产品规则执行		不允许	
	A	FCTD					依据产品规则执行	
	C	130%	免费退票	10%	免费变更	5%	允许	
	D	公务舱子舱位						
	J	公务舱子舱位	依据产品规则执行		依据产品规则执行		不允许	
	Y	100%	5%	10%	免费变更	5%	允许	
	B	90%					不允许	

(续)

祥鹏航空（8L）								
客服电话:0898-95071950								
航空公司	舱位	产品/折扣	退票手续费		变更手续费		自愿签转	备　注
			航班规定离站时间前（含）	航班规定离站时间后	航班规定离站时间前（含）	航班规定离站时间后		
	H	85%	5%	10%	免费变更	5%	不允许	二、升舱后的客票如旅客要求退票，应先退还旅客舱间票款差价，再按客票“票价级别”或“签注”栏标注的原舱位的退票规定办理 三、客票变更后若提出退票，所收变更费不退 四、客票有效期：除另有规定外，客票有效期自旅行之日起，一年内承运有效 五、舱位变更 1. 从高等级舱位改为低等级舱位或高票价变更至低票价，按自愿退票办理，重购客票 2. 从低等级舱位改为高等级舱位或低票价变更至高票价，客票换开后，收取原票面价与变更后适用舱位票价的票款差额，不再收取变更费 说明：若因国内客票公布运价调整，不同舱间变更，则需换开客票，票款差额多退少补，不再收取变更费 注：除另有规定外，客票有效期自旅行之日起，一年内承运有效；如果客票全部未使用，则从填开客票之日起，一年内承运有效。变更后客票的有效期仍以原客票 注意：此升舱客规仅供参考，以代理人权限为准，升舱换开前请咨询客服或者提交改签申请待审核后再做处理
	K	80%						
	L	75%	10%	20%	5%	10%		
	M	70%						
	M1	65%						
	Q	60%						
	Q1	55%						
	X	50%	30%	40%	10%	20%		
	U	45%						
	E	40%						
	T	T	按各舱位对应规则执行		按各舱位对应规则执行		根据产品及特价销售政策执行	
	Z	Z						
	V	YPON						
	I	TQGP						
	N	YBSN						
	W	THTG						
	R	/						
	O	FIC FBS FPB FAG FNP YDGP FJS						
	S	PCK/BBB						
	G	YGV						
	F	儿童票	免费退票	10%	免费变更	5%	允许	
	C							
	Y		5%					
	婴儿票	免费退票			免费变更			

参 考 文 献

[1] 綦琦. 民航国内国际客票销售[M]. 北京:国防工业出版社,2014.
[2] 綦琦. 值机业务与行李运输实务[M]. 北京:国防工业出版社,2012.
[3] 马广岭,王春. 民航旅客运输[M]. 北京:国防工业出版社,2011.
[4] 王娟娟,民航国内客票销售[M]. 北京:中国民航出版社,2006.
[5] 万青. 航空运输地理[M]. 北京:中国民航出版社,2006.